ソーシャルビジネスシリーズ

ソーシャルエコノミー
の実践事例

ー社会変革の新しい切り口としてー

エコハ出版

はしがき

　世界情勢の悪化、コロナの長期化、環境問題などを含めて社会問題はますます複雑化、深刻化している。

　これを克服するためには、専門家を含めた市民の力が中心となり、近代的な経営ノウハウを動員するソーシャルビジネスが重要なことをエコハ出版として強調してきた。おかげで、この用語はかなり普及したが、現実の効果としては、まだこれからの問題である。

　これをもっと大きな社会的効果を発揮させるには、この概念を拡大して捉えるのがよいのではないか、ということで本書ではこれを**ソーシャルエコノミー**と呼び替えて、社会的側面を強調して問題提起することにした。

　このような考え方はまだ理論として、十分煮詰まっていないが、現在に起こっていることを見ると、すでに新しい動きは始まっているように思われる。

　本書では厳密な定義にはとらわれないで、社会的、実践的な立場から様々な事例を紹介することにより、今後の展開への足がかりにしたいと考えている。

　　　　　なお、本書はエコハ出版代表鈴木克也の編集と著作によるもので、これまで出版したものからの引用や要約も含まれている。また。図表の出所など記載されていないものはすべて筆者のものである。

目　次

1 社会問題の深刻化とソーシャルビジネス
～社会的共通資本の考え方～

社会問題の深刻化

　社会問題は、どの時代にもあったが、最近はその問題が複雑化し、深刻化している。

　最近の大国間の紛争は、体制の枠を越えた紛争であるし、地球温暖化を含めた環境問題もコントロール不能なほど深刻になっている。

　コロナなどの地域医療についても長期化しなかなか納まらない様相となっている。

　また、図表にあるような、少子高齢化、地域の過疎化と都市の過密化、農林・水産業の衰退、国や自治体の財政機器、教育問題や社会風紀の悪化など無数の要素が絡まって拡大している。

　これらの問題に対しては、既存の経済学、社会学等の学問分野だけでは解けない状況となっている。

　このような状況について方向性を与えてくれたのは、後に見る故宇沢弘文氏による「社会的共通資本」の考え方であった。

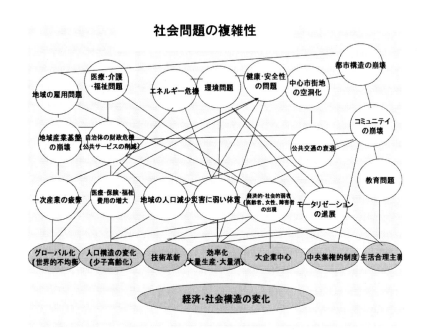

社会問題の複雑性

（出所）筆者作成

「社会的共通資本」の考え方

　社会問題をとらえる基礎理論としては故宇沢弘文氏によって唱えられた「社会的共通資本」の概念を理解しておくことが重要である。

　氏は「大気・森林・水・河川・海洋・土壌などの自然環境の多くは私有制を貫くことが物理的に不可能である。この様な市民の生活や生存に重要な関わりを持つか、あるいは地域社会の安定的・持続的存在に不可欠な役割を果たすものやサービスを生み出す資源」を社会的共有資本」と名付け、それに類するものとして、交通・電力・通信施設など社会的インフラストラクチャ・医療・金融・司法・行政などの制度を含めた。

これらの自然的、社会的共通資本は制度の枠を超え、守られていくべき普遍的価値を持っているとの考え方である。

この分野は人々の生命や日常の生活に直接かかわっているため、その管理・運営は、市民によって専門家に「委譲」されるべきものである。

第3の道

この問題は既存の制度ではとらえきれない問題を含んでいる。

従来の「市場原理」や「資本の論理」に基づくのではなく、かといって税金を基にした国や自治体による「福祉社会」でもない、市民を中心とした新しい社会経済モデルが求められている。

それを政治制度として取り上げようとしたのが、10年程前から西欧で起こった「第3の道」の主張であった。特にイギリスでは、19世紀に追求された「福祉国家」の非効率が問題となり、サッチャー政権が市場主義改革を断行したが、この副作用も大きく、それを克服しようとするのがブレア政権であった。

しかし現実には、それらはスローガンにとどまり、新しい政策としては定着しなかった。今、社会問題が深刻化する中で、既存の資本主義にも社会主義にも未来が見通せない中、改めて「第3の道」が見直されてはよいのではないかと思われる。新しい意味で社会変革の起爆剤にもなるものである。1

---

1 後述するように、イギリスでは「第3の道」が唱えられたが、結局は政治的スローガンにとどまった。

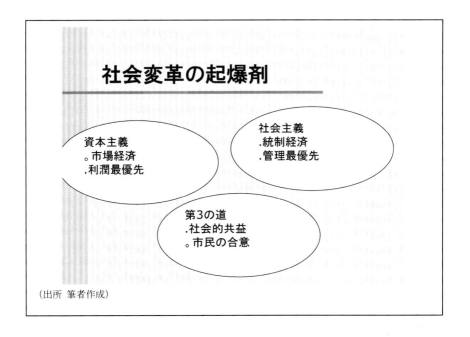

（出所　筆者作成）

ソーシャルビジネスの範囲

　複雑化、深刻化する社会問題を解決するには、既存の経済システムを超えたソーシャルビジネスの考え方が必要になってくる。これは日本では、災害救援のためのボランティア活動から始まったものであり、それらを持続可能なものとするためビジネス的意味が付け加えられた。ソーシャルビジネスとは社会問題に対して市民や専門家等と共に解決に取り組み、マーケットの切り口を工夫し、地域資源や技術を活用する等による、新しい経営システムや構築をしていこうとの概念であり、その範囲は図のように広い。

これまでの市場原理や利潤原理に基づく資本主義の原理とは異なり、かといって社会主義の統制原理とも違う新しいシステムを構築する必要がある。

　その後、社会性、事業性、革新性を持ったものに先進的なものとして推奨する試みが行なわれたので、ここではそれを「ソーシャルビジネス」として表す。

ソーシャルビジネスの範囲

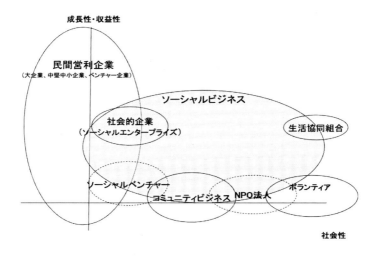

（出所）筆者作成

（経産省による定義）

　経済産業省では２００８年に「ソーシャルビジネス研究会」を立ち上げ[2]、この定義を明らかにした。これによるとソーシャルビジネス[3]は様々な社会問題について、「社会性」「事業性」「革新性」をもっていることを条件とした。

　社会問題を解決するのだから「社会性」が重要視されるのは当然であるが、それに「事業性」と「革新性」がつけ加えられたことは評価できる。この意味では本来の考え方にも一致しており、その意味を本書次項では、「ソーシャルベンチャー」と表記することにした。

経産省による定義

「社会性」: 現在、解決が求められている社会的課題に取り組むことを事業活動のミッションとすること。

「事業性」: ミッションをビジネスの形にし、継続的に事業を進めていること。

「革新性」: 新しい社会的商品・サービスを提供するための仕組みを開発したり、活用したりすること、またその活動が社会に広がることを通して、新しい社会的価値を創造すること。

2　経済産業省「ソーシャルビジネス研究会報告書」2008 年
3　ソーシャルビジネスの定義については本質論からすると、次章の小西一彦氏の４節がそれを明確にしているため、本書では「ソーシャルベンチャー」という用語を使う。本書全体ではその概念を拡大して、もっと社会的意味を持たせるため、「ソーシャルエコノミー」としてとらえている。

2 ソーシャルベンチャー
〜革新的ソーシャルビジネス〜

　日本では、1995年の阪神淡路大震災の時、若者を中心に多くのボランティアが集まり、大きな役割を果たした。市民が自主的に活動することにより、比較的少ない費用で、緊急問題に対して大きな役割を果たすことが解ったのである。これを持続するため、ビジネス的な要素が付け加えられたことが、ソーシャルビジネス[4]のきっかけである。

（NPO活動）

　政府もそのことに着目し、NPO法人の設立を進めたので、NPO法人は２８０も設立されることになった。

　しかし、ボランティアに依存するだけでは、その持続的発展が期待できないということから、この組織に社会性、事業性、革新性などが必要なことが解り、ソーシャルビジネスの概念が拡がった。

---

4 日本ではソーシャルビジネスは市民個人の自主的な活動として始まったが、そのなかでもビジネスとして革新的な意味を持つものを「ソーシャルベンチャー」と名付けた。

（ソーシャルビジネス 55 選）

　そうした中で、経産省が先進的なものとして、社会性、事業性、革新性を持った 55 のモデルを選定した。

　そこには、子育てや障害者ケア、教育、まちづくり等各地方から推薦のあった幅広いものがあがっているが、その革新性を強調するため、本書ではこれを「ソーシャルベンチャー」と称する。

　エコハ出版では、2018 年に刊行した「ソーシャル・エコノミーの構図」で関西でのモデルを紹介した。

ソーシャルベンチャーの事例

	経済産業省「ソーシャルビジネス」		エコハ出版・そのア
高齢者	不忘アザリア（宮城）	イーエルダー（渋谷区）	高齢社（東京）
	くらし協同組合（愛媛）		
子育て	整水社（石川）	チャイルドハート（大阪）	
	フローレンス東京）	わははネット香川）	
	あやおり夢を咲かせる女性の会（岩手	フララ（福岡）	
	Mammy Pro（北海道）		
障碍者・その他	育て上げネット（東京）	循環生活研究所（福岡）	エコールKOBE（兵庫）
	アパンティ（東京）		
	札幌チャレンジド（北海道）	パンドラの会（愛知）	ホームドア（大阪）
	はらから福祉会（宮城県）	ジェイシーアイ テレコミュニケーション徳島）	
	ねば塾（長野）	愛伝会（三重）	
	ハートフル'群馬）		
環境・地域づくり	キュアリンクケア（京都）	にんじん（愛知）	日本エコクラブ（東京）
まちづくり	ぴあ（島根）	里山を考える会'福岡）	全国生涯学習まちづくりセンター
	ビッグイシュー日本（大阪）	TRY WRP（千葉）	（東京）
コミュニティ	えがおつなげて（山梨）	四万十ドラマ高知）	ONGATA森の学校（東京）
	吉田ふるさと村島根）	赤岡青果市場（高地）	まごの店（三重県）
		イータウン（神奈川）	
地域資源	御祓川（石川）	フォーレスト八尾会（富山	北海道食材開発流通地興（北海道）
地域産業	フューチャリングネットワーク千葉）		伊那食品工業株式会社（長野）
	さんぼく生業の里企業組合（新潟）		理研食品株式会社（宮城）
交通	コミュニティタクシー（岐阜）	生活バス四日市（三重）	ラッキーピエログループ（北海道）
情報	えふネット（福岡）	エフエム岡崎（愛知）	
起業家支援	宮崎文化本舗（宮崎）		社会起業大学（東京）
	北海道職人義塾大学校）（北海道）		
	アスクネット（愛知）		
	Mブリッジ（三重）		
	やんばる自然塾（沖縄）		
ソーシャルビジネス支援	Gネット（岐阜）		鎌倉投信（神奈川）
	大阪NPOセンター（大阪）		大阪ベンチャー研究会（大阪）
	宝塚NPOセンター（兵庫）		神戸ベンチャー研究会（兵庫）
	コムサロン21（兵庫）		

（出所）各種資料より作成

13

（地域おこし協力隊）

　地域おこし協力隊は 2010 年に政府総務省によって始められたが、2017 年には隊員数が 10 年後の 2020 年には 1 万人を超えた。その後の定住率は 6 割に及んでいる。[5]

　この制度は地方自治体が認めれば、3 年以内を限度として地域おこしに協力してもらおうというものであるが、制度がシンプルな上に若者の地方への移住や地域おこしへの関心の高まりと、地方の人口減少問題解決の手段としても有効に活用されている。

　これらがきっかけになって、若者の地域での起業が盛んになれば、ソーシャルエコノミーの立場からみても、非常に好ましいことだと思われる。

---

5 農文協『地域おこし協力隊』

（特別寄稿）関西におけるソーシャルビジネスの動向

小西一彦

（兵庫県立大学名誉教授）

1. はじめに

　先の鈴木克也編著『ソーシャル・エコノミーの構図』（エコハ出版、2018 年）では、筆者の考える「ソーシャルビジネス」の概念と関西におけるソーシャルビジネスの事例 3 社について書かせて頂いた[6]。本稿はその続編である。その後の筆者の「ソーシャルビジネス」の研究の進展と追加の事例を報告させて頂く。その前に、前稿の内容を概略でも紹介しておくと便利かもしれない。

2.「阪神淡路大震災」と関西のソーシャルビジネスの展開

　関西では、1995 年 1 月 17 日の未明に「阪神・淡路大震災」が発生した。これがきっかけとなって、ボランティア活動が活発化した。また、NPO 組織も急増した。さらに、経営的に新しい形態の事業体である「ソーシャルビジネス」が誕生した。これらは、いずれも深刻な社会問題の発生を背景にしていたとともに、それら社会問題の解決を活動の第 1 の目的にしていた。これらが社会に層として発生

---

6 鈴木克也編著『ソーシャル・エコノミーの構図（エコハ出版．2018 年）

したことは、関西の大きな構造的な変化であった。筆者は、現役の大学教員（神戸商科大学、現兵庫県立大学）として、同僚ととともに、震災の被害調査や被災者支援のための活動に奔走した。しかし、どの地域も震災からの復興は遅々として進まない。6年が経っても神戸の街は廃墟のままだった。

そこで、社会人大学院の院生の人たちと協議して、2001年1月27日に、ベンチャーの発掘と支援を目的に「神戸ベンチャー研究会」を立ち上げることにした。この「研究会」は今も続いているが、それでも神戸はなかなか復興していかなかった。後背地である関西経済の全体が長期停滞の状態にあったからである。それによる影響は大きかった。

そこで、2005年10月に「大阪ベンチャー研究会」、2010年に「北摂ベンチャー研究会」、そして2015年に「京都ベンチャー研究会」も立ち上げた。目的は大きくは「関西経済の活性化」である。関西の全域でベンチャーの発掘と支援をしていくことにしたのである。これらは現在も相互に連携して活発に活動している。この「関西4ベンチャー研究会」それ自体は「ソーシャルビジネス」とは言えないが、「ソーシャルビジネス」の意義と役割、重要性は良く理解し、「ソーシャルビジネス」の発掘と支援に積極的に取り組んでいる。関西における「ソーシャルビジネス」の活動と研究の重要な拠点の一つである。「研究会」は毎月定例で開催され、多種多様なベンチャーたちが登壇し、起業への思いや経緯、事業内容、問題や課題などを発表し、参加者と交流してメンター的支援を受け、参加者もベンチャーから学びを行っている。そんな中で、何回か、「ソーシャルビ

ジネス」をテーマにした研究会も開かれた。そこで発表した企業の中から内容が豊富で他でも大いに参考になると思われた３社を選んで『前掲著』で紹介させて頂いた。

①「株式会社ワップコーポレーション」（代表取締役社長は岡本正氏）

　岡本正さんは、元高校の英語教員だったが、障害者の教育にも携わる中で、障害者には大学レベルの高等専門教育の機関がないことに疑問を感じた。そこで、退職後、仲間を募って日本で最初の障害者のための福祉事業型高等教育機関として、「専攻科エコールKOBE」を立ち上げた。また、「就労訓練校」の「カレッジ・アンコラージュ」と社会との接点を広げる目的で「障害者に就労の機会を！研究会」も立ち上げた。それらは、現在、障害者のための高等専門教育と障害者関連の情報収集、情報発信、人脈づくり、など、関西では最も重要な拠点になっている。岡本さんが起業した目的や事業内容が実に素晴らしい！障害者教育における社会問題、社会課題が見事に解決されている。「ソーシャルビジネス」の優れた事例であると言える。

②「認定NPO法人 Home Door」（理事長は川口加奈氏）

　川口加奈さんは、中学生の頃に、通学途上でホームレスの人を見て、ボランティアに興味を持ち活動に参加した。その中で、ホームレスの発生の社会性や問題性に気づき、それを研究するために、専門研究者がいる大学（大阪市立大学、現大阪公立大学）に進学した。そして、在学中に学生ベンチャーとして起業した。ホームレスの人

は自転車修理技術が得意であることに気がつき、それを活かしてホームレス問題と自転車放置問題という二つの大きな社会問題を同時に解決する画期的なアイデアを思いついて、それを事業化した。自身の収入も確保できているので、「ソーシャルビジネス」としては成功である。川口さんは学生、非営利で、社会問題解決のために起業して、事業で成功することは全く可能であることを、自らの事業を根拠に、説得的に講演を頻繁に行っている。人々の社会意識を前向きに変革することに貢献できていることは確かである。いま、関西では広く知られた「旬の人」である。

③「株式会社チャイルドハート」（代表取締役社長　木田聖子氏）

　木田聖子さんも、以前は一般の市民であり、普通の家庭の主婦であったが、保育園の経営を行うことになった。しかし、それを単なる普通の保育園でなく、地域全体で子育てをするような仕組みを作る、社会問題解決型の保育園として立ち上げた。そのような高次の目的（理念）を持った保育園として経営を行っていった。その結果、事業は成功し、賛同者は増加して、木田さんは地域から尊敬される経営者になった。木田さんの保育園がある地域は、子育ての環境も良い地域として知られている。保育園問題だけでなく、保育一般の問題までも解決している、「ソーシャルビジネス」の良い成功事例である。

◆上の3社は、いずれも起業の背景は個人の問題でなく社会の問題である。また、主体は市民である教員や学生や家庭の主婦であった。

ただ、市民ではあったが3人とも社会問題に対して安易に座視する
ことができない人であった。また、これまでのように経済の外から
声高に企業や政府/自治体に対して社会問題の解決を迫るというの
ではなく、自らが経済の中に入り、起業家となり、直接、課題の解
決に立ち向かっていった人であった。「ソーシャルビジネス」という
新しい経営の考え方と方法を用いて、事業を行い、結果を出した。
さらに地域のリーダーとなって人間的にも成長し人々の社会意識を
変革の方向へと導いていった。そこには①社会問題の解決のための
画期的なアイデアの発見と事業化への熱意、周囲の人々を巻き込む
仕組みの形成、②近代的経営手法の導入にとどまらない経営全体の
イノベーションを起こすベンチャー経営者としての事業展開と成功、
そして、③地域のリーダーとなって人間的にも成長し高い次元で社
会還元を行っている。このような事実から、筆者はこれら3社が単
に「ソーシャルビジネス」であるだけでなく「ソーシャルビジネス・
ベンチャー」であると言えるのではないか、これからの「ソーシャ
ルビジネス」は旧い時代の経営（「管理的経営」）のままの①社会性
や②経済性や③革新性ではなく、新しい時代の経営（「ベンチャー経
営」）としての「ソーシャルビジネス・ベンチャー」へと概念も実体
も一層の発展を期待する。概ね、上のようなことを書いた。

3.「新型コロナウイルスのパンデミック」と関西の「ソーシャルビジネス」の動向

　2020年の春、関西でも「新型コロナウイルスのパンデミック」が発生した。人々の外出制限が何度も繰り返された。それによって、どの地域、分野、組織、個人も大きなダメージを受けた。しかし、これを契機にそれまで遅れ気味であったインターネットなどの高度情報化技術の利用が一気に進んだ。

　「関西の4ベンチャー研究会」も、リアルでの開催は難しくなったが代わりにオンラインでの開催が始まった。また、状況に応じてリアルとオンラインのハイブリッドで開催されるようになった。それと関連して研究会の運営体制が刷新された。どの研究会でも代表者を含めて世話人会の年齢は数十歳も若返った。発表者と参加者が若返った。発表される内容や方法も「コロナ禍」以前とは大きく変化した様相が見られるようになった。社会問題解決型のベンチャー（「ソーシャルビジネス・ベンチャー」）が増加したのである。

　直近の2023年1月21日に開催された「第200回大阪ベンチャー研究会」で報告された事例を2社紹介する。

①関西経済同友会代表幹事の生駒京子氏（株式会社プロアシスト
http://www.proassist.co.jp/）

　生駒さんは、一般の家庭の主婦であったが29年前に起業し主婦目線で、次々と新しいニーズを発見し事業化に成功した。国や自治体、周囲の人々からの支援を受けて、現在、従業員を231人も雇用

する立派な中堅企業へと発展したのである。9年前の2014年11月に、「第107回大阪ベンチャー研究会」でも登壇されたが、現在は関西の財界を代表する有力団体のリーダーである。

②垣内俊哉氏（株式会社ミライロ　https://www.mirairo.co.jp/）

　垣内さんも、2011年2月の「第61回大阪ベンチャー研究会」で発表された。その時は、大学3回生で、学生ベンチャーとして株式会社ミライロを設立した直後だったが、その段階で「障害をマイナスとして捉えるのでなく、障害を価値あるもの（バリアバリュー）として捉える」と明言されている。その後もその言葉を軸に、正に「ソーシャルビジネス・ベンチャー」として経営していき成功された。現在、株式会社ミライロは、ネットによると資本金は6000万円で、従業員は60人である。最年少で「財界・経営者賞」を受賞するなど、全国的にも著名な経営者の一人になっている。この間に全国で頻繁に行われた垣内さんの講演が聴衆に与えたインパクトは計り知れない。

　ベンチャー研究会ではないが、別途活動に参加しているソーシャルビジネス研究部会　関西ベンチャー学会（kansai-venture.org)にも興味深い事例があったので併せて紹介しておく。

①佐藤正隆氏（リタワークス（株）取締役 https://ritaworks.jp/）

　「ソーシャルビジネスでNPOセクターを支える新しいプラットフォームをつくる」（第1回研究部会、2022.3.12）。佐藤さんは、

IT/WEB 業界で 15 年以上の経験があり、様々なソーシャルビジネスで非営利活動を行われている。とりわけ NPO 向けホームページの制作サービス「nuweb（ニューウェブ）」の提供と同時にスタートした助成プログラム「SOCIALSHIP」は、30 団体以上への助成実績がある。「ソーシャルビジネス」界では異例の人である。

②永井 純氏(from clothes/フロムクローズ 代表)

（第 2 回、2022.5.14）

　永井さんは、2001 年オリジナルファッションブランド「セントオーディン」を設立した。2021 年 8 月より服を作らない服屋、着ない服を着たい人へつなぐアップサイクルブランド「from clothes/ フロムクローズ」を設立。

③橋本太郎氏(幸南食糧株式会社、域活性化研究所所長)

（第 3 回,2022.7.9）

　橋本さんは、六次産業化プランナーとして、多くの生産者（農家の方）と産地への支援を行ってこられた。2022 年度から、農山漁村発イノベーションプランナーに就任。別途、地域活性化研究所の所長もされている。日本の農業問題と農家経営で大きなニーズがありながら、提供者がいない。そこで、農産物の加工事業に特化して農家支援の活動を行っておられる。結果も出されている。

④高津玉枝氏(株式会社福市代表取締役、一般社団法人日本フェアトレード・フォーラム 理事)（第 4 回、2022.9.10）

高津さんは、「持続可能な社会のために行動する人を増やす」をミッションに、長年、フェアートレードの普及に取り組んでおられる。パートナーである途上国の生産者のエンパワーメント、消費者教育、人材育成、企業支援など、国内でも「京都市イノベーター・キュレーション塾」の塾長をされるなど、多くの人に大きな社会的インパクトを与えてこられている。

⑤勝部麗子氏（豊中市社会福祉協議会　事務局長）(2022.11.12「都市農園《豊中あぐり》―農業を通じた社会参加からイノベーションの相乗効果へ」。

　服部さんは、2015 年、定年後の男性が心地よく社会に参加ができる場として、「豊中あぐり」を立ち上げられた。現在、収穫した野菜の販売、子ども食堂への提供、農業の 6 次化として芋焼酎、コロッケ作りなど、多彩な広がりを見ている。日常生活圏域で、住民が、周囲に関心を持ち、対策を検討して、事業化していく、地域人自身によるライフセーフティネット作りへの挑戦である。

⑥植木　力氏（株式会社カスタネット代表取締役社長）

　（第 6 回、2023.4.）「小さな企業のソーシャルビジネス～地域・社会との共鳴と新たなビジネスモデル構築へ」
（http://www.castanet.co.jp）

　植木さんは、あるメーカーの管理系の仕事に従事されていたサラリーマンだったが、2001 年に社内ベンチャー制度によりオフィス用品販売会社㈱カスタネットを創業された。ベンチャー企業としては、

日本初の社会貢献室長となり、カンボジアに小学校寄贈、障がい者施設へ優先発注など、社会貢献とビジネスが融合する姿（ソーシャルビジネス）を追い求めた。そのお陰で経営的に厳しい時に発注者の目に留まり窮地を脱することができた。現在は東日本大震災の被災地に足を運ぶ中で得た経験から防災用品に特化した事業『そなえる.com』を全国に展開中。一般社団法人ソーシャルビジネス・ネットワーク（全国組織）常務理事。著書として、『事業の神様に好かれる法１７カ条』（かんぽう）、『小さな企業のソーシャルビジネス』（文理閣・共著）『奇跡を呼び込む力』(PHP 出版)を出されている。

⑦中谷タスク氏(株式会社 Replace 代表取締役)　「遊休地を屋台でマッチングさせるシェアリングエコノミー〜「HIRAKEL」の紹介〜」（http://www.replace-inc.com）

中谷さんは、一級建築士の資格をお持ちで、芸術系の大学院を修了後、大手建設会社のサラリーマンをされていたが、退職して、「人の為に、場所の価値を創造する」を経営理念に起業された。遊休地を確保し、屋台をリースで貸し出し、土地所有者と屋台経営希望者をマッチングさせるビジネスモデルだが、結果として地域の美化にも役立っている。2020 年にグッドデザイン賞を受賞された。「"人の為に、場所の価値を創造する" 私たち Replace(リプレイス)は、"風景"という最も価値のある共有の資産を通じ、世の中に忘れ去られた"場所"をデザインとビジネスのアイデアで結びつけ、価値ある"風景の再生"を目指しています。」とミッションを語られ、既に、相当の程度まで実現されている。

◆この研究部会では、理論と実践の統一の観点から、ソーシャルビジネスの実務家と学会のソーシャルビジネス研究者が発表し、議論し、実態や課題の情報共有とソーシャルビジネスの概念や理論の整理を行うことを主な内容としている。発足してまだ日は浅いが、回を追うごとに、この分野の研究の意義と重要性も大きいことを強く感じるようになっている。「関西経済の活性化」のためにも、単に議論するだけでなく、文章化もして研究成果を早く社会に還元するようにしたい。「ソーシャルビジネス」について講演ができる人が関西ではまだ数が少ない。学会としては、この分野の研究者を増やすことも課題である。以下は、第1回から第5回までの研究部会で学会のメンバーが登壇し、講演を行ったリストである。これらの簡単な内容は、『関西ベンチャー学会学会誌 Vol.15』(2023.2.28)に掲載しているので、関心のある方は参照されたい。近々、学会のホームページに掲載され、誰でも読めるようになる予定である。

4. ソーシャルビジネスの理論と実践のこれからの方向について

　ソーシャルビジネスは、いまや、世界の共通用語になっている。わが国でもこの用語が使われるようになったのは最近であるが、既に、多くの人が知るところとなっている。しかし、この用語の定義や概念は、統一されていない。体系的な理論は未完成である。国によって、ソーシャルビジネスの生成の背景は違うので、実体の内容は異なり、したがって、定義も概念も異なって意識されるようになるのは仕方ないのかもしれない。しかし、昨今のように、この用語

を使用して、現に起業し、この用語とともに、人生をかけようとする人が増えてくると、研究者の立場からは、この用語について、それなりに正しく定義し概念化し体系的な理論も構築していかねばならない。それによって、実際の「ソーシャルビジネス」が経験や勘でなく理論に基づく実践へと変っていく必要がある。ソーシャルビジネスの成功確率を少しでも高くしていくためにはそれが必要だからである。

「ソーシャルビジネスは社会的問題あるいは課題の解決を目的とし、それを近代的経営の手法を用いて実現していくビジネスである」というのは、世界のそしてわが国でも見られる大方の定義であり概念の認識であろう。しかし、それではまだ、この用語の対象であるソーシャルビジネスの本質は分からない。ソーシャルビジネスは実体なのか、それとも機能なのか、あるいは組織なのか。社会課題の解決に関係していることは分かるが、そのビジネスにとって本質的なものか、それともそのビジネスの一つの機能または一つの目的であって、他にも別の機能または目的（例えば利益最大化）があるかもしれないビジネスなのかである。前者に限定してこの用語を使用しそれを重視されているのが、例えばムハマド・ユヌス氏である。上で紹介した大杉卓三氏によると、「ソーシャルビジネス」と「グラミンのソーシャルビジネス」は別である。一方、欧米やわが国では、社会課題解決型のビジネスは、いずれも「ソーシャルビジネス」であるとする傾向がある。多分に機能的な視点からの理解である。例えば、「ソーシャルエンタープライズ」も「ソーシャルビジネス」であるというのがそれである。ここでは「エンタープライズ」は、「ソ

ーシャルビジネス」と言うビジネスの組織であるという認識である。ボランティアやNPO、協同組合、なども、社会課題の解決に関わって活動するので、「ソーシャルビジネス」だという認識である。このように「ソーシャルビジネス」を本質でなく機能で定義しようとすると、議論は混乱する。なぜなら、「機能とは、あるものを他との関わりにおいてみた時、そのものが他に果たす役割のことである」と定義される概念である。そして、そのものが関わる他には無数のものが存在するので、そのものの機能も無数に存在するからである。大事なのはそのうちの機能であり、その前に、そのものをそのものたらしめている特殊性、本質である。まずは、その組織なり機能なり活動なりの目的が社会課題の解決であるなら、それが本質であり、それを基本に行うビジネスこそが「ソーシャルビジネス」であると考えるのが正当である。そして、それ以外の目的が基本であるようなビジネスは、例えば、「ソーシャルビジネス的ビジネス」と考え、真の「ソーシャルビジネス」とは区別して認識し評価するのが妥当だろう。「ソーシャルエンタープライズ」は、既存の「エンタープライズ（どちらかというと比較的大きな企業組織）」がソーシャルな機能も行うようになった場合の「拡張概念」であると考えるのが妥当である。その意味では「ソーシャルベンチャー」も同じである。社会的な課題の解決も行うが、必ずしもそれが本質（目的）ではないような「ベンチャー企業」は、「ソーシャルビジネス的ベンチャー企業」である、あるいは「ソーシャルベンチャー」である。そして、社会的課題の解決を第1に考え、それを本質（目的）と考えるベンチャー企業は、「ソーシャルビジネス・ベンチャー」と呼ぶのが妥当

だろう。「関西ベンチャー学会」の「ソーシャルビジネス研究部会」では、発足の時点で、「ソーシャルビジネス」は「営利を第1の目的とは考えないビジネスである」と規定し、そのようなビジネスを主な対象とする研究部会として発足することを提案した。すなわち、「ソーシャルビジネス・ベンチャー」である。「グラミンのソーシャルビジネス」にも通じる認識であり考え方である。この定義や概念については、まだ、議論の余地はあるので、今後の部会でも検討を続けましょう、ということになった。したがって、まだ、私見にとどまるものである。

「ソーシャルビジネス」の用語は、21世紀に入った頃から使われ始めたことからもわかるように、優れて新時代の経営の用語であり概念である。社会的課題の内容は多様で複雑で構造的である。そのような課題を解決する方法としては、単に、近代的経営の手法を導入するだけでなく、新時代的経営の考え方や方法、技術なども導入することが必要である。また、新しいニーズの発見やシーズの探索、インターネットをはじめとする先端的な情報通信技術の活用も含めて、ビジネス全体の「イノベーション」が必要である。21世紀の経済と経営の大きな特徴は、それまで（20世紀の経済と経営）が管理的であったのに対して、戦略的へと変化したことである。管理的経営では経営者と経営戦略が重要だった。戦略経営では、経営戦略を策定する前に、経営理念（目的、ミッション）や経営目標（ビジョン）、事業領域（ドメイン）、SWOT分析、また、社会（消費者・市民）や自然（地域・地球）との良好な関係の構築が優先される。一

言でいって、「ビジネスモデル」である。これからのソーシャルビジネスも、①社会課題の解決への熱い思いや、②周囲の人々を巻き込むネットワーク形成の力だけでなく、③中長期にわたって市場で勝ち残れるだけの自社に最適な「ビジネスモデル」の発見と適時の実行が求められる。この「ビジネスモデル」を軸にして、社会課題の解決に立ち向かうことが必要なのである。市民、消費者も、経済の外からでなく、中に入り、起業し、市場取引で成功し、それを踏まえて、地域と社会のリーダーになって、他の市民、消費者、既存企業の経営者、従業員、などに、必ずしも利潤の獲得を第1の目的にしなくても企業の存続は可能であること、社会の経済は拡大再生産されていくことを説明し、人々の意識が社会課題の解決の方向に大きく移行していくことに尽力してもらいたい。このような未来志向から、「ソーシャルビジネス」に挑戦する人を評価し応援していくことが、この地域の人々にとっての課題である。

第 200 回大阪ベンチャー研究会（2023.1.21　生駒京子さん）

神戸ベンチャー研究会総会

（写真中央が小西一彦：研究会代表、右隣、鈴木克也：研究会顧問）

パネルディスカッション（右から、生駒さん、垣内さん、小西、中川）

3 ソーシャルエンタープライズ
～既存企業でも社会的問題への関心の高まり～

　先に見たように、日本ではボランティア活動から始まったソーシャルビジネスであったが、諸外国では別の形で社会的問題に取り組まれていた。

　イギリスやアメリカでは、大企業でも社会的貢献を表面に打ち出している企業もあり、これらを「ソーシャルエンタープライズ」として評価する動きもある。

（SDGs）

　最近、国連等の国際機関でしきりに取り上げられ、日本政府でも積極的に推進されるようになったSDGsの概念は上記と同じような意味をもっているように思われる。

　SDGs[7]とは、全ての企業が社会的問題に関心を持つこと自体は、社会的な影響力として、現実的に大きな力を持っていると言えよう。

---

7 SDGs・・・Sustainable Development Goals

エコハ出版では「ソーシャル・エコノミーの構図」の中で取り上げたが、ここで再度取り上げる。[8]

日本では、経営に余力がなかったこともあり、まだ事例は少ないが、最近ではベネッセや伊那食品工業等の事例もみられるようになり、このように焦点をあてた活動が始まっている。

なお本書ではソーシャルビジネスの概念を拡張して「ソーシャルエンタープライズ」や複合的な業態も広い意味での「ソーシャルエコノミー」として位置づけているが、個人的なボランティア活動から始まったソーシャルビジネスとは、異なったものであり、後者はソーシャルビジネス的」とでも呼ぶべきものであることを明記しておくことが必要である。

本書では社会的な意味で強調するため、改めて「ソーシャルエコノミー」という用語で区別して扱っていることを記しておきたい。

鎌倉投信は、社会的企業に焦点を絞って投資を行なっている支持団体であり、ここでは上場会社 55 社、非上場会社への投資をしているユニークなグループである。

---

8 エコハ出版「ソーシャル・エコノミーの構図」（2018 年 3 月）

今後この種の企業が多く出現してくることが、ソーシャルエコノミーを実現することになるだろう。ここではそのイメージを次のようにまとめておこう。

　ソーシャルエンタープライズとしてどの程度を含めるかについては、理論上の問題も多い。

☆株式会社ツムラ（1893 年創業）

　この会社は、医療用漢方薬で国内 8 割超のシェアを持つ会社だが、積極的に障がい者を雇用している点で有名である。

　また 2009 年には北海道夕張市に夕張ツムラを設立し、生薬の製造・加工・保管の拠点を設けた。ここでは北海道の知的障がい者施設の「てるみファーム」と提携し、障がい者の雇用に貢献している。

☆日本環境設計（岩元美智彦会長）

　この会社はコットンからバイオエタノールを、プラスチックから再生油を、着古したポリエステルから新しいポリエステル繊維を再生するなどのリサイクル技術を持っている。

　その収集のために大手スーパー・パタゴニア等のアパレル店、良品計画等の生活雑貨店と提携している。結果的に原材料—製造—小売—顧客—原材料のチェーンができているのである。

☆株式会社トビムシ

　岡山県で林業の再生と地域おこしを行う同社は、投資事業組合「共有の森ファンド」をつくり、資金調達をした。

　ここには鎌倉投信も投資しており、製造される木工品の 3 割程度は鎌倉投信が組織している「結い 2001」の仲間が購入している。

　ここでは投資先と出資者（受益者）が一体となったユニークな活動が行われているのである。

☆エフピコ

　エフピコはスーパーやコンビニ等で使用されるトレー容器をつくる企業だが、そこにおける障がい者雇用比率は 14.56％にも及んでいる。

　障がい者は自治体や医療福祉法人が提供する「就労組織支援事業」を通して行われているが、きちんとした報酬が支払われているのが特徴である。

　以上のように鎌倉投信は「いい会社」を選んで投資するとともに、投資先を支援し、それをベースに出資者（受益者）と投資先の連携を図っている点が評価できる。

（出所）エコハ出版『ソーシャル・エコノミーの構図』

（3-1） ベネッセ（直島）
～瀬戸内国際芸術祭で島を元気に～

　　旧福武書店のベネッセホールディングスは二代目の福武總一郎氏が「よく生きる」を意味する「ベネッセ」に社名変更し、瀬戸内海の直島に土地を取得し、1992 年[9]にベネッセハウスというホテルと芸術館を設立した。

ベネッセ（直島）アート

（出所）ベネッセ ホームページ

　氏は当時から瀬戸内海の海を蘇らせ「地域の資源を芸術にする。」ために現代芸術(アート)を国際的レベルで展開することを目指した、本格的なものであった。別法人という資金的な工夫をした上で、世界的建築家の安藤忠雄氏の協力を得て、現在では瀬戸内海の島をネットワークし、将来への展望をもっているソーシャルエコノミーのモデルともいえるものである。

日本で訪れたい場所で第3位

　イギリスの権威ある旅行ガイドブック「ロンリープラネット」が紹介する「日本で訪れたい場所のベスト１０で、瀬戸内海の直島が

---

9 ベネッセホールディングスは現在、通信教育だけでなく老人ビジネスを展開する中堅企業である。「一人ひとりの『よく生きる』を実現するための支援をする」という強い社会的使命を持っていることが注目されている。

ベスト３に選ばれた。ちなみに、１位は東京、２位は京都、そして３位が直島、４位富士山、５位広島と続いている。

　なぜ、アクセスの悪い瀬戸内海の直島が、日本で訪れたい場所のベスト３に選ばれたのだろうか。そこには、ベネッセホールディングス（旧福武書店）の２代目社長福武總一郎氏の３０数年にわたる夢実現に向けたゆるぎない信念と、持続可能な仕組み作りがあった。

福武總一郎氏の直島との出会い

　福武氏は若いころは東京で生活をしていたが、４０歳の時に創業社長が急逝し、本社のある岡山に帰ることになり、創業社長が進めていた直島での子供たちのキャンプ場づくりを引き継ぐことになったのが、直島とかかわるきっかけとなった。

　その頃瀬戸内海の島々は、日本の近代化や高度成長を支えるため、その負の資産を背負わされた場所だった。直島や犬島は亜硫酸ガスを出す精錬所が建てられ、豊島は産業廃棄物の不法投棄が行われるなど、島の木々は茶色く荒れ果てていた。

　しかし、そこには近代化の波に洗われない、かつて日本人が持っていた心のあり方や暮らし方、地域の原風景が残っており、自然の恵みを直接いただくという自給自足的な生活が残っていた。

　福武氏はこうした瀬戸内海の島々と深く付き合いながら、近代化のベースになっている「破壊と創造」の文明、すなわち「在るものを壊し、新しいものを作り続け、肥大化していく文明」のあり方に深く疑念を抱くようになった。

そして「破壊と創造を繰り返す文明」から「在るものを生かして、無いものを作っていく」という「持続し成長していく文明」に変えていかなければならないと強く思うようになった。

なぜ現代アートか

そこで登場するのが現代アートである。福武氏は直島に現代アートを持ち込んだ理由を次のように述べている。「瀬戸内海の島々のような近代化に汚染されていない、そして日本の原風景が残る場所に、現代社会を批判するメッセージ性を

（出所）ベネッセホームページ

持った、魅力的な現代アートを置いたら、地域が変わっていくのではないかという想いを強く抱くようになり、それを実践に移してきた。」

この福武氏の思い（ゆるぎない信念）が、現代アートのメッカとしての直島を世界に発信する原点となっている。

時系列的に見た直島プロジェクトの展開

直島プロジェクトの展開を時系列的に見てみよう。

1992年　美術館とホテルが一体となったベネッセハウス（直島コンテンポラリーアートミュージアム）竣工

1994 年　「現代アートは豊かな自然の中にあってこそ、その本来
　　　　の力を発揮出来る」という福武氏の考えを実践するため
　　　　「海景の中の現代美術展」という野外展が開催された。

1995 年　福武書店からベネッセコーポレーションに社名変更
　　　　ベネッセはラテン語の「bene＝よく」と「esse＝生きる」
　　　　を組み合わせた造語。これによって、すべての事業で
　　　　人々の「よく生きる」を支援することを宣言。

1996 年　サイトスペシフィック・ワーク
　　　　単に作品を購入して展示するのではなく、アーチストに
　　　　直島まで実際に来てもらい、その場の雰囲気を感じてア
　　　　イデアを練り、作品を制作してもらうという、サイトス
　　　　ペシフィック・ワークという方法を試みる。

1998 年　家プロジェクト
　　　　「家プロジェクト」とは、土地の歴史と深く結びついて
　　　　いる古い家において、これまでにないアートを作り出そ
　　　　うという試み。ベネッセハウスという美術館から、人々
　　　　が生活を営む集落へと、アートプロジェクトを展開する
　　　　契機となる。

2001 年　「スタンダート展」開催
　　　　ベネッセハウス開館１０周年記念として企画されたもの
　　　　で、１３名のアーチストによる作品群が島の広い範囲で
　　　　展示され、直島住民の参加意識が高まると同時に、島の
　　　　人と訪れた人の間に、作品を通じた交流が生まれた。

2004 年　「地中美術館」開館

国立公園に指定されている瀬戸内海の島々は、島の景観を損ねるような大きな建物は建てられない。そこで一度建てた建物を地中に埋め戻すという形で作られたのが「地中美術館」である。天井から自然光を取り入れる工夫がなされており、一日の時間帯によって採光の度合いが異なり、神秘的な雰囲気がある。ここにモネの晩年の大作「睡蓮」が展示されている。

2006年　ベネッセハウス　パーク、ピーチ　オープン

来訪者の増加に対応するために、2006年に客室41室のパーク、8室すべてがスイートタイプのピーチがオープン

2010年　第一回「瀬戸内国際芸術祭」開催

　直島において２０年以上にわたって展開されてきたアートプロジェクトは、「良いコミュニティを創出する」ことに結びつき、この活動の成果は２０１０年に開催された「瀬戸内国際芸術祭」によって他の島々にも広められることになった。

　直島、豊島、女木島、男木島、小豆島、犬島、大島　の７つの島と高松を舞台に繰り広げられた芸術祭には、当初想定された来場者３０万人を大きく上回る９３万人の人が訪れた。

　また、世界中から７５のアーチストやプロジェクト主体が、それぞれの島の独自の歴史や文化を生かした作品やプロジェクトを展開し、現代アートが島の人々やお年寄りの笑顔を取り戻すことに貢献することが証明された。

また、豊島においては、新しい地域社会のあり方を発信するという目的で、2009年より休耕田になっていたところの開墾に取り組み、約10ヘクターが田んぼや畑として再生、豊島美術館（2010年開館）の周辺に棚田の景観がよみがえった。

　瀬戸内国際芸術祭は、3年に1回開催されることが決まり、2013年、2016年、2019年、2022年とすでに5回開催され、年々その規模を拡大している。

公益資本主義〜経済は文化の僕〜

　「ベネッセアートサイト直島」は、瀬戸内海に位置する直島、豊島、犬島などの島々を舞台に、株式会社ベネッセホールディングスと公益財団法人福武財団が展開しているアート活動の総称であるが、企業と財団が同じ理念の元に、協力関係を保っているところに本活動の特色がある。

　福武氏は、企業活動の第一に「文化」を掲げ、「経済は文化の僕である」をモットーとしている。そして「公益資本主義」を提唱している。

　具体的には、企業が文化や地域振興を目的とする財団を設立し、財団がその株式会社の株主となり、企業の配当金を財団の活動資金に充てるという仕組みである。福武氏は2012年に公益財団法人「福武財団」を設立し、ベネッセホールディングスの株を所有してこの仕組みを実行に移している。

アートによる地域再生とそれを可能にする新しい公益資本主義の仕組み、これからのソーシャルエコノミーありかたに実例として注目されよう。

（参考）ロンリープラネットは、直島推薦の理由として次のように述べている。

"直島は、ゴーストタウンになりつつある田舎の島で、今や世界クラスの現代美術の中心地になっている、日本の偉大なサクセスストーリーの1つです。

日本で最も賞賛されている建築家の多くは、美術館、ブティックホテル、さらには浴場などの建築物に貢献しており、これらはすべて島の自然の美しさを高め、既存の集落を補完するように設計されています。

結果として生じる前衛と田舎の日本のブレンドは魅力的です。また一部の日本人は、大都市の外でゆっくりとした生活を追求し、直島に移住してカフェや旅館を開くようになりました。"

（出所）安藤忠雄『美術手帳ムページ

41

瀬戸内国際芸術祭

（出所）ベネッセホームページ

（3—2） 伊那食品工業（伊那）
〜「いい会社」を目指して〜

ソーシャルエンタープライズの事例としてエコハ出版で以前とりあげたことではあるが、その要約を挙げておく。[10]

伊那食品工業は海藻のテングサからカンテンを作る中堅企業であるが、創業者の塚越氏の経営手腕によって、世界企業にまで成長した中堅企業である。

伊那食品工業の本社

（出所）同社ホームページ

健康に良い機能食品、細菌の培養剤をはじめ環境に優しい食品包装材などを次々と世に送り出している。

この会社は、得意先、仕入先、顧客などを徹底的に大切にする経営理念を持っており、地域に対しては本社の周りを公園として整備開放すると共に、美術や芸術での貢献を続けている。もちろん、環境面でも廃棄物ゼロを実践している。

（起業家精神）

資金も乏しい赤字会社を任された塚越氏にとっての唯一の財産は、人材であった。とにかくこの人材を幸せにし、能力を発揮してもら

---

10 エコハ出版「ソーシャル・エコノミーの構図」（2018年3月）

うため「いい会社」にすることを経営理念にかかげた。その経営方法は独特であり、日本型の年功序列体制を守り、社会の和を尊ぶとともに、経営は無理をしない。

（マーケットの切り口）

　一次産品である寒天をトコロテンや食品の原材料とし利用するだけでは付加価値も低く、マーケットも限られたものである。

　伊那食品工業が着目したのは欧米でのアイスクリームなどの増量剤として、また古くは食品を包む保存ラップとして使われ、後には細菌の培地として有効なことで、このマーケットが拡大する可能性を持っていることであった。会社は食品業界だけではなく、医薬品、化粧品業界などに目を向け、その開発に力を注いできたことである。

　この「マーケットから学ぶ」という姿勢は今も変わらず、営業のチームは商品の売り込みよりも顧客のニーズをさぐることに重点が置かれている。

　そうした中から、現在では薬の飲み下し剤や食品包材などの商品が次々と生まれている。もちろん、健康に良い、環境に優しい等の社会的問題への配慮は最大限されている。

（事業のイノベーション）

　一次産品であるテングサを寒天とする作業は、農閑期の農家の副業として行われていた。これでは品質が安定せず、付加価値も低いので、原藻の価格の乱高下で経営は安定しなかった。

伊那食品工業が取り組んだのは、まず寒天づくりの工場生産であり、その自動化であった。そのため機器の製造部門まで持つという徹底ぶりであった。

　もう一つのイノベーションは、原藻を安定価格で調達するために世界からの調達を始めたことであった。

　この寒天製造のコア技術の確保によって、地場産業である同業他社が潰れていく中で、生き残ってこれたのである。

（マネジメントノウハウ）

　伊那食品工業は創業以来、人を大切にするマネジメントスタイルを徹底している。

　社員に対しても、取引先に対しても、顧客に対しても優しくすることを優先しており、人の能力を引き出す工夫がなされている。

　本社は長野県の伊那市から離れず、本社の回りは公園となっている。というより公園の中に本社があるという雰囲気をつくっている。この公園は、「寒天ぱぱガーデン」と名付けられ、市民や会社を訪れる人に完全解放となっている。その中には美術館やレストランもある。樹木や草花の管理も行き届いており、自然を大切にする会社のイメージともよく合っている。

　以上のように、伊那食品工業は既存の中堅企業であるが、経営の中核に社会問題の解決をくみこんでおり、なおかつダイナミックな発展を続けているので、日本における「ソーシャルビジネス」の代

表的モデルとして評価できる。今後このような中堅企業が日本にも多くあらわれることを期待したい。

4 ソーシャルエコノミーの新業態
～複合的なソーシャルビジネス～

　これまでソーシャルビジネスについて単体の事業を中心としてみてきたが、ここではその範囲を拡大して、**ソーシャルエコノミー**を複合的にとらえることにより、社会的な影響力を発揮していくモデルについて幾つかの事例をあげておきたい。

　この問題を考えるきっかけとなったのは、バングラデッシュでソーシャルビジネスの複合的な展開を推進している、**ムハメド・ユヌス氏**[11]が実行している事例である。

（ムハメド・ユヌス モデル）

　氏は 1976 年にバングラデシュで貧しい女性に向けたグラミン銀行を設立したが、そこで集まった女性にさらなる仕事を作り出すために、様々な事業を展開した。

　当初は彼女たちができる工芸品や牛乳製品などのコミュニティビジネスであったが、その後は米国の多国籍企業のダノン、インテル、オットー、アディダスなどとも連携してダイナミックな展開をして

11　ムハメド・ユヌス氏の著書としては早川書房『ソーシャルビジネス革命』『ムハメド・ユヌスの自伝』『貧困のない世界を創る』などがある。

いる。

　2006年にはノーベル平和賞も与えられた。

ムハメド・ユヌスの略歴
ユヌスの著作より

1940年　バングラデッシュ・チッタゴン生まれ
　　　　米国ヴァンダービル大学経済学博士
　　　〈バングラデッシュ、東パキスタンから独立〉
1972年　チッタゴン大学教授（地域開発）
　　　〈1974年〜75年、大飢饉〉
1983年　グラミン銀行創設
1989年　グラミントラスト設立　（マイクロクレジットサミット の開催）
　　　〈1998年大洪水〉
2005年　ソーシャルビジネスへの挑戦（グラミンファミリーの形成）
　　　〈2006年3月ノーベル平和賞受賞〉
2006年　グラミン・ダノン（多国籍ソーシャル・ビジネス）設立

　氏の考えるソーシャルビジネスについては表に見られるように「事前事業」ではなく、あくまでもビジネスであることを強調しており、事業としてはダイナミックな展開を想定している。

　しかし、それは株主利益の最大化ではなく、社会的利益の最大化である。

ユヌス氏の考えるソーシャルビジネス

ソーシャルビジネスは慈善事業ではない。あらゆる意味においてビジネスに他ならないのだ。社会目標を達成する間に、かかった総費用は取り戻さなければならない。ビジネスを営むのは、慈善事業を行うのとは考え方も、活動内容も全く異なっているはずだ。これが、ソーシャルビジネスとそれが社会に与える影響を全く異なるものにしている。

ソーシャルビジネスは企業として設計され、経営されるものである。製品やサービス、顧客、市場、費用、そして利益を持っている。しかし、企業の利益最大化の原理は、社会的利益の原理に置き換えられている。投資家を喜ばせるために最大限の財務上の利益を集めようとするのではなく、ソーシャルビジネスは社会的な目標を達成しようとしているのである。

その後、国際情勢の変化や地域紛争等に巻き込まれ。最近は音沙汰が乏しくなってきたが、その考え方はきわめて先進的であった。氏の提唱する「ソーシャルビジネス」の概念は、表のとおりであるが、従来日本で考えられていた範囲とはかなり異なり、領域は広くなっている。

そこで、本書ではこの複合的で多様な形態を持つソーシャルビジネスを事例として取り上げ、今後の社会問題解決のための議論を巻き起こすことを考える。

それらはまだ充分、理論的にも、実践的にも整理されているとは

言えないが、これを「ソーシャルエコノミー」として、その概念には「ソーシャルベンチャー」「ソーシャルエンタープライズ」に加えてここで展開する複合的な新業態も含まれるものとする。このようにはっきりとソーシャルエコノミーとして位置づけることが、社会変革の切り口となると信ずるからである。

（4-1） 地域での環境活動
～自然との共生～

環境問題は人類が産業や生活を発展させるための廃棄物が地球の許容する範囲を超えてきたことによって生じたものである。

図は大気中の二酸化炭素のバランスを示したものであるが、このようなバランスの崩れが

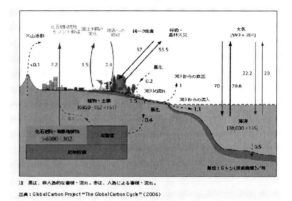

CO2 のバランス

注　黒は、非人為的な蓄積・流れ。赤は、人為による蓄積・流れ。
出典：Global Carbon Project "The Global Carbon Cycle"（2006）

(出所)エコハ出版『環境ビジネスの新展開』

いたるところにおこっているのである。人類はこれを克服できるかどうかが問われている。

環境問題といえば、日本では戦後の高度経済成長の副作用として「公害」が大きな問題となった。

その後、二酸化炭素を主原因とする地球温暖化が注目されるようになり、1972 年には国連のサミットで大きく取り上げられるようにテーマなった。また 2004 年には京都議定書が制定され大きな前進を遂げた。

しかし、それは議論が中心で、各国間の利害の食い違いや財務面での制約もあり「環境ビジネス」としては盛り上がりにくい、とい

うのが現実であった。

地域における環境活動

　当時筆者は2000年～2010年にかけて公立はこだて未来大学で教授として社会問題の授業を担当していた。そこで環境問題として地域でできることを学生たちと一緒に取り組むことにした。具体的には次のような項目であった。

①地域で先進的に環境問題に取り組んでいる経営者を取材したり授業に招いたりした。

②学生たちと一緒に街へ出かけゴミ拾いや植樹活動に参加した。樹。

③環境活動促進のためのポータルサイトや広報誌を作成した。

④市民、専門家、学生が集まり議論できる「エコカフェ」を開く。

⑤環境に関する講演会や各種のイベントを開催。

　以上のように、我々が出来る範囲で精一杯の活動をしたが、現実の社会的効果は今一歩であった。環境問題の解決にあたっては資金もかかり、相当の時間とエネルギーが必要ということを実感した次第である。

市民による環境活動

・環境教育

環境ふれあい教室

こどもエコクラブ体験学習会

環境サミット 2008 in 函館

・省エネ（LED,電気自動車）
・3R（生ごみ分別、MYMY運動、容器リサイクル）
・フードマイレージ
・自然エネルギーの利用（小型風力、水力、太陽光）

（出所）函館市環境白書（平成21年度）

・植樹、）森づくり
・ゴミ拾い

・エコフェスタ

（出所）筆者作成

自然との共生による無理のない取り組み

　ところが、ここ数年で起こったコロナ禍と国際情勢の変化の中で環境問題への国際諸国の取組み姿勢は劇的に変わった。

　地球温暖化がもはや耐えられないほどの段階となってきたということでもあるし、「環境ビジネス」が巨大企業にとっても大きなピなビジネスチャンスとして認識されたからであろう。

　このことは環境問題解決にとっては極めて大きな前進だと率直に喜ぶべきことである。

　しかし、現実の実行はまだこれからだし、環境問題の範囲はまだまだ広いということを心にとどめておくべきである。本書では今後環境問題を考えるにあたって考えておくべき点をいくつか指摘しておく。

（1）新技術への依存

　　環境問題解決のために今後、新技術が必要なことはよく言われるが、原子力再利用技術、アンモニアによる水素製造、CO_2 の地中閉じ込め技術等については、コストや実現までの時間などの問題があり、あまりにも依存するのはいかがなものであろう。

（2）大規模プロジェクトへの依存

　　今、浮上している対応はどちらかというと国家や大企業の大規模プロジェクトが中心になっているが、本書で提唱してきたように、比較的小規模なシステムも重要だと思われる。

（3）　新たな社会問題を引き起こさないか。

　　　例えば、CO2 削減や国際的エネルギー確保のための原子力を
　　　有効利用しようとの議論がすぐにでるが、これはもっと大きな
　　　社会問題を引き起こす可能性に注意すべきである。

（4）地域での取組み

　　　環境問題をソーシャルエコノミーと関連付ける意味は巨大な
　　　グリーン産業として捉えるだけでなく、もっと地道の市民レベ
　　　ルでの努力が必要である。環境問題の本質を捉えるにあたって
　　　は、何よりも「自然との共生」や「地域の人々との協働」が重
　　　要である。

（脱プラスチックの運動）

　今、環境問題として大きな課題となっているのはプラスチックの
廃棄である。プラスチックの廃棄物は腐食しないため土壌汚染の原
因となるだけなく、海上に漂い海洋生物や鳥類に大きな害を与えて
いる。

　これをリサイクルしようとの努力は続けられているが根本的には
脱プラスチックが重要な解決策であろう。そのため、ストローや食
器等のプラスチックを植物繊維に置き換える運動が起こっており、
エコハ出版では竹を使った微細化技術を紹介した。このような運動
を加速することも注目する必要があるだろう。

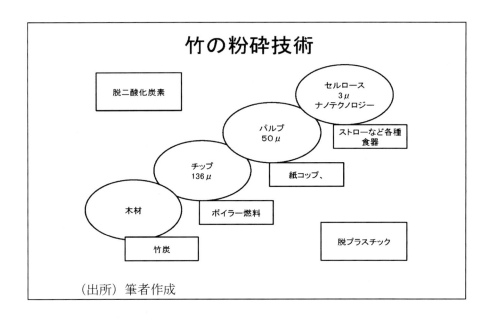

竹の粉砕技術

脱二酸化炭素

セルロース
3μ
ナノテクノロジー

パルプ
50μ

ストローなど各種
食器

チップ
136μ

紙コップ、

木材

ボイラー燃料

竹炭

脱プラスチック

（出所）筆者作成

（4-2） 山菜王国（八王子）
～地域おこしの多彩な展開～

「山菜王国」は東京・八王子の
炭焼三太郎さんが退職後、地域
産業であった炭焼の文化を残し
広めようとして始まった。そう
した中で仲間が集まる場として
三太郎小屋を造り、地域の問題
を考える日本エコクラブをつく
った。

炭焼炉

（出所）炭焼三太郎氏　提供

　それらの中から山菜に注目し「山菜王国」が始まった。当初は仲
間の娯楽のようなものであったが、これを全目的な普及活動につな
げていこうということになり、様々な展開が始まった。

（山菜王国の始まり）

　2015 年頃より**「山菜王国プロジェクト」**
が始まった。当初は「三太郎小屋」の周
辺にある山菜を採って、仲間でパーテ
ィーをするというものであった。これ
を地域資源として活用してはどうか、

三太郎小屋

（出所）炭焼三太郎氏　提供

という話になった。[12]　そのためには、仲間が集まる「場」が必要だということになり、2015 年に「三太郎小屋」がつくられた。

（山菜ガーデン）

2020 年、八王子市上恩方森久保地区の町会で、堂山の杉から発生する花粉を何とかしようとの話がもちあがった。恩方は、平家の落人伝説や栃木県の足利学校とゆかりがある歴史的に見ても価値が高い土地である。

祈りの山　堂山プロジェクト

（出所）炭焼三太郎氏　提供

ここで生まれ育ち、かねてから山菜の普及を目指していた炭焼三太郎氏はその要望に応え、山の木を伐採し山菜ガーデンとして整備することにした。今現在、山菜はランダムに植栽されているが、将来的には系統立てて山菜ミュージアムのようにするプランも検討中である。

12　この三太郎小屋には環境問題や地域おこしに関心を持つ、多くの仲間が集まり、様々な新しいプロジェクトの企画がされ、できるものから実行されている。

（フェイスブックの活用）

今後、山菜の全国的な普及をすすめ、様々な展開をするためフェイスブックを開始したところ、短期間で全国各地から 1 万人の参加者が集まった。

これをベースに、「山菜王国エッセイ集」を出版したところ多くの

山菜王国フェイスブック

（出所　フェイスブック　）

協力者が集まった。それらをさらに発展させるために、「地域の山菜だより」「山菜料理」「各種の地域おこし」などを展開していく予定になっている。

山菜王国のアクティビティ

山菜王国では、日常的に次のようなアクティビティを行っている。

①山菜パーティー

山菜の時期に、採集やそれをもとにした試食会を行っている。

②山菜愛好会

時に応じて山菜愛好者の談話会を行っている。

③山菜検定

山菜の知識の普及のため、山菜検定制度を行っている。

④山菜ツアー

　山菜の産地ネットワークを組み、仲間で山菜料理を楽しむツアーを行っている。

これからの方針

　山菜王国のこれからの課題は次のとおりである。

(1)山菜王国モデルの構築

　山菜の生産者・消費者・流通の3者の全体を整合性をもって継続的に動かしていくためのモデルを形成する。

(2)「山菜ガーデン」のレベルアップ

　山菜ガーデンにエコミュージアム(博物館)機能を持たせ魅力あるものにする。移動やイベント開催ためキッチンカーの導入も検討する。

(3)商品ラインの拡充

　継続的な事業とするため、商品ラインを拡充する。メニューには広い意味での山菜である薬用植物（薬草）も加えることによって付加価値を高める。

　山菜に関する資料を収集し、絶えず新鮮な情報を発信するとともに、各地に点在するメンバーをネットワーク化する拠点としての機能を発揮する。新たな商品ラインやレシピ開発に努力する。

（4)山菜ネットの構築

　全国各地で山菜に関連して活動している人に呼びかけ、交流をはかる。将来**サミット**が開催できるようにする。

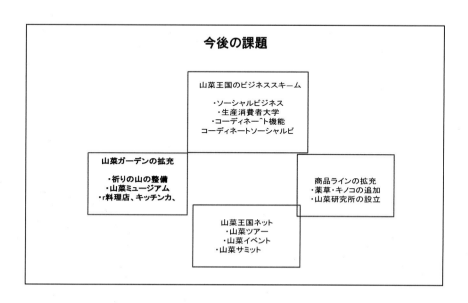

今後の課題

山菜王国のビジネススキーム
・ソーシャルビジネス
・生産消費者大学
・コーディネート機能
コーディネートソーシャルビ

山菜ガーデンの拡充
・祈りの山の整備
・山菜ミュージアム
・r料理店、キッチンカ、

商品ラインの拡充
・薬草・キノコの追加
・山菜研究所の設立

山菜王国ネット
・山菜ツアー
・山菜イベント
・山菜サミット

(竹の王国)

　そのひとつとして、地域おこしとして注目されている「竹の文化を守り育てる」という出版を企画した。

　これは竹が日本人に古くから親しまれてきた植物であるにもかかわらず、それがプラスチック等によって代替され今や森の厄介者扱いにされている、ということがある。

竹の庭(報国寺)

（出所）筆者撮影

61

そこで竹の文化を見直し、不要な竹を伐採する市民の活動を促進しようということである。技術の進歩の結果、竹をナノミクロンに砕きベースにしたものを、プラスチックに代わるストローの材料にし、さらに食器や、電化製品にまで活用しようとの動きもある。

（4-3） 里山エコトピア（八王子）
～恩方の古民家群～

恩方ロマンのこし隊

醍醐村古民家集落

（出所）重盛光明　画

東京都八王子市の地区に歴史のある古民家群がある。この地区では前節の炭焼三太郎氏の生まれた場所に、古民家と里山の風景が残されている。この里山のロマンを保存するためのプロジェクトが始まっている。

　これをソーシャルエコノミーの事例として紹介しておきたい。

　この古民家集落を中心に武家屋敷や力石城跡、夕やけやすらぎの里を含めて。**「里山エコトピア」**として整備しようというものである。

藤九郎屋敷

（出所）炭焼三太郎氏 提供

（藤九郎屋敷）

　歴代山室家の本拠地である八王子の上恩方町森久保に足利学校[13] 第18代目校長の**山室青郊和尚（藤九郎)**の生家が残されている。筑後150〜300年の堂々たる古民家であり、三件が現存している。現在、人は住んでいないが、これを文化遺産として残すためのプロジェクトが進んでいる。

---

13 足利学校は平安時代の初期に創設された。室町時代から戦国時代にかけて関東最高の学府であった。明治元年まで存続した。

（武家屋敷）

この地区(醍醐村)の関所があった場所に、武家屋敷が残されており、尾崎家の子孫が今でも住んでいる。

この地域は、城や砦の山がまわりを取り囲む地形になっている。力石城の跡地や平家落人なごりの神社があり、平将門伝説や童話が残っている。

武家屋敷

（出所）筆者撮影

（郵便局）

この地区には昭和初期の郵便局があり、今も使われているが、その移転が予定されている。これを保存するための申請も続けられている。

移転が予定されている郵便局

(出所)同上

（夕焼け小焼けふれあいの里）

八王子恩方の入り口にあたる地に夕やけ小やけの歌碑のあるホテル兼保養地がある。この里には1996年に夕焼け小焼け文化農園として、開設され、その後、名称変更された。6万坪におよぶ公園では、今も様々なイベントが行われており、今後さらなる活用が期待されている。これらを含めてこ

夕焼け小焼けふれあいの里

（出所）ホームページ

の地域全体を**里山エコトピア**のエコミュージアムとしようとの計画も進んでいる。

以上のほか、先に紹介した「三太郎小屋」や図表欄の自然の風景を加えると、この恩放地区は非常に魅了的な**里山エコトピア**として位置づけられるので、それを目指したプランを準備しているところである。

（4-4）　新しい農と食のあり方
　　　　〜プロシューマーの活躍〜

　今、日本では国際情勢から食糧の安全保障が大きな問題になっているが、食糧の自給率が40％以下というのは確かに異常である。

　新たな食糧資源として、「昆虫食」を確保するとか、工場でのプラント栽培を考えることも、ひとつの方策かもしれないが、本書では以前からの主張である**「プロシューマー」**(生産・消費者)に焦点をあてて議論したい。

　「プロシューマー」とは米国の未来学者トフラーがこれまで分業によって分離されてきた生産者と消費者が一体化することを推測した考え方である。

　特に日本では大量の肥料や農薬によって生産性をあげることに力を注いできた。酪農に典型的にみられるように、大量の飼料を輸入でまかなうとういう農業政策がとられ、消費者にはスーパー等での大量消費、大量廃棄が進められてきた。

　その結果、生産と消費が分離されそのバランスが崩れてしまっているのである。このことが大きな社会問題であり、克服することが課題となっている。

　その課題を少しでも改善しようと、「プロシューマー」（生産・消費者の考え方が見直されている。前節の「山菜王国」などもそのような運動の一部である。

　このような時こそ日本的な食のあり方が求められていると思わ

れ14、それに流通のシステムがうまくまわらないといけないことを表現したものである。

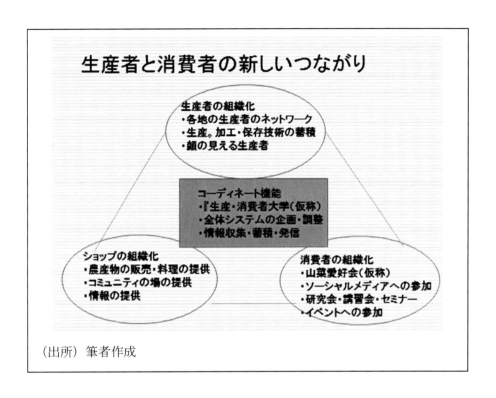

（出所）筆者作成

生産者のネットワーク

　農業における生産のあり方を考えるにあたっては、これまでは大規模化や肥料・農薬、プラント耕作がすすめられてきたが、日本のように耕作地が狭い国では、むしろ段々畑や有機農法、多品種自然栽培などについてもっと研究し、若者や消費者にとってもなじみや

---

14 エコハ出版では農業問題に体系的に取り組んだことはないが、「ポストコロナ日本への提言」（2021年）

すい農業を普及することが、新しい動きではないだろうか。

　生産性向上のためには農業の規模拡大が唱えられてきたが、本書の「ソーシャルエコノミー」の立場からすると、むしろ小規模で多様な農業が見直されるべきだと考えられる。若者の地域移住や小規模ではあるが風情のある「段々畑」なども地域活性化に役立っている。最近増えてきた無農薬野菜も注目されるであろう。

　エコハ出版では「山菜王国」を展開するにあたって、地域のネットワークを構築することを考え、函館、青森、山形、秋田、新潟、八王子などの産地ネットづくりをはじめた。

(出所)エコハ出版『山菜・薬草で地域おこし』

（出所）同上

（出所）同上

消費者のあり方

　消費者も輸入品を中心にした大量消費、大量廃棄のシステムだけでなく、自分の健康のためも含め、食べることの意味、食文化を考えながら、食を楽しみ感謝しながら享受することが求められている。

　最近、大都市に住む若い人々の中で手作りの料理を楽しむ新しい文化も始まっている。

消費者の仲間

（出所）同上

新しい流通システム

　食に関する流通システムにも新しい動きがでている。比較的長い歴史をもつ「地産地消」の運動、「道の駅」の普及などもソーシャルエコノミーの事例として注目されている。

（道の駅）

　道の駅は、国土交通省の機能として設立されて以来、順風な成長

を続けてきたが、2022 年、民間の連絡会が法人化した。

　道の駅の機能としては、①休息機能、②地域連携機能、③情報発信機能が明記され、2023 年 3 月時点で 1204 駅となっている。

（4-5）秋田内陸縦貫鉄道（秋田）
～ローカル線を活用した地域おこし～

秋田内陸線鉄道

（出所）秋田内陸鉄道

地域交通で重要な役割を果たしてきたローカル線は人口の減少とモータリゼーションの普及で乗降客が減り、事業採算が悪化しているため、その存続自体が危ぶまれている。15

しかし、秋田内陸線鉄道のように、木や森の文化、縄文の里、近代鉱山の史跡などがあるこの地域では、これらの地域資源を活用して、ローカル線を軸にした**「エコミュージアム」**を展開するのが有効なのではないかとエコハ出版の「秋田内陸線ミュージアム」で呼びかけている。

本書では地域交通という大きな社会問題にどうアプローチするのかという観点からソーシャルエコノミーの事例として取り上げてみたい。

---

15 ローカル線応援の目的もあってエコハ出版では「秋田内陸線エコミュージアム」（2019年）を発行した。

秋田内陸線沿線の魅力

　このローカル線を活用して地域全体の魅力を発信し、観光名所として生かしていこうとの努力が続けられている。

（小京都「角館」）

　新幹線の乗換駅である角館は、佐竹氏が藩主を務めた秋田藩の城下町が今でも残されており、武家屋敷と町人まちが保存されている。

　佐竹氏は平安から鎌倉時代の平氏・源氏にもつながる有力な地域を代表する守護・地頭の大富豪であり、歴史的にも貴重な存在である。

武家屋敷通り1

　この地域は、桜の名所でもあり、小京都と呼ばれる独特の雰囲気を持っている。

（マタギの里）

　東北地方で古くから行なわれてきた狩猟の拠点でもある阿仁では、今でもマタギの生活風土が保存されていて、その博物館もある。

　マタギは縄文時代から続く人々の生活様式をいまでも残している貴重な存在である。

（阿仁鉱山）

この地域は、千数百年前から銅山の採掘が行なわれており、今でも阿仁郷土文化保存伝承館が整備され、当時この地域が賑わっていたことが解る。

（縄文遺産）

この地域には伊勢堂岱遺跡があり、世界遺産に登録された16箇所の縄文遺跡のひとつとなっている。

大湯環状列石などの有名な縄文遺跡がたくさんある。いずれも後期のものだが、土偶の中にも「笑う岩偶」のような特徴のあるものが含まれている。

このような遺跡を世界の人々に紹介するためには交通システムや観光の総合的なコーディネートが不可欠である。

伊勢堂岱遺跡の全景

（出所）北海道・北東北縄文遺跡HP

(出所)同上

木と森の文化

　日本は周囲を海で囲まれた島国であり、モンスーン地帯でもあるため森林に恵まれ、縄文時代から「木と森の文化」を培ってきた。

　これは、西洋文明が「石の文化」をベースにしているとすれば、日本は「木の文化」を特徴としているとも考えられる貴重な資産でもあると思われる。

(出所)同上

　特に秋田内陸線沿線はブナや杉などの森林が豊富で、まさに木と森の王国にふさわしい地域でこれを遺産としていこうという動きは以前からある。

　秋田杉をベースとして木工の文化を始め、沿線には栗や山菜の植物もある。また、この地域では市民参加のチェーンソーによるウッドアートもあり、木や森についての教育施設も充実している。

(出所)同上

エコミュージアム

　このように秋田内陸線の沿線には魅力的なコンテンツがたくさんあるが、その魅せ方をもっと効果的なものにするための、この地域

全体を「**エコミュージアム**」として位置づけることを提唱した。

　エコミュージアムとは博物館などを建物の中で展示するのではなく、地域全体を屋外で展開しようという考え方で広域的な取り組みが必要である。概念としては図表にも示されているように、コアとなるようなテーマを軸にサテライト、発見の小径を含めてテリトリーを野外に展開し、その全体を便利な交通手段で結んで広域の魅力あるスペースを作り出そうというものである。幸いにもこの地域には内陸線と自然の条件が整っているので以上のような提言をしたものである

　以上のように、エコミュージアムの考え方は日本においては成功事例が少ないが、今後地域を全体的に盛り上げていく方式として注目されると思われる。しかし、それを実践するには長期的な計画のもとに、専門家や地域住民の協力体制が必要である。

エコミュージアムモデル

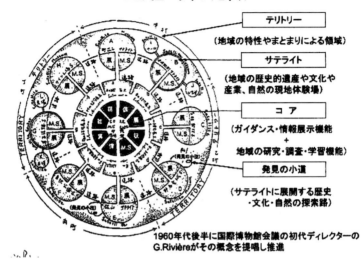

テリトリー
（地域の特性やまとまりによる領域）

サテライト
（地域の歴史的遺産や文化や
産業、自然の現地体験場）

コ ア
（ガイダンス・情報展示機能
＋
地域の研究・調査・学習機能）

発見の小道
（サテライトに展開する歴史
・文化・自然の探索路）

1960年代後半に国際博物館会議の初代ディレクターの
G.Rivièreがその概念を提唱し推進

(出所)同上

（4-6）津軽海峡圏の交流（函館・青森）
～縄文遺跡群の世界遺産登録を契機に～

　北海道道南と北東北は、古来には陸つづきで共通の文化圏を形成してきた。

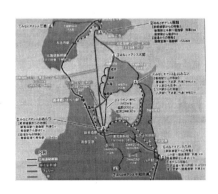

　その交流を図るため、青函連絡船や津軽海峡トンネル、新幹線の開通の整備により、これらをもっと活用する仕組みが必要である。

　それにあたり、2021 年には北海道・北東北縄文遺跡が世界遺産として登録された。これをきっかけとして青森の交流を再活性化しようとの努力が行われている。[16]

津軽海峡圏構想

　津軽海峡を挟んだ本州と北海道は自然的にも歴史的にもつながりがあるので、この交流を促進しようという動きがあり、「津軽海峡圏構想」にも表れている。

　明治以降でも、1908 年に東北本線と函館本線を結ぶ青函連絡船が開通した。

　1988 年には海底トンネルが開通し本州と北海道が陸でつながることとなった。

---

16 エコハ出版「津軽海峡物語」2019 年

津軽海峡圏の交流の歴史

昭和29年（1954年）	洞爺丸事件
昭和36年（1961年）	青函トンネル工事開始
昭和58年（1983年）	北海道東北開発公庫
	「青函地域の交流の現状と新たな青函経済交流圏の形成に向けての検討」
昭和62年（1987年）	「青函インターブロック交流圏推進協議会」
昭和63年（1988年）	青函トンネル営業開始
昭和63年（1988年）	「青函トンネル開通記念博覧会」
昭和63年（1988年）	国土交通省「第４次全国総合計画」（四全総）
	（インターブロック構想）
平成元年（1989年）	「ツインシティ推進協議会」
平成11年（1999年）	１０周年記念事業
平成21年（2009年）	２０周年記念事業
平成23年（2011年）	「青函圏交流・連携ビジョン」
平成27年（2015年）	北海道新幹線開通
	新時代に向けた津軽海峡交流圏と「津軽海峡圏」構想

（出所）末永洋一『津軽海峡交流史』

そして 2016 年には、東京函館間は３時間少しで行ける距離となった。

現在はそれを札幌まで延伸する工事が進められ 2030 年開業予定である。

新幹線開通

(出所)JR

ソフト面での交流

　このように青函のインフラが整備された今、地域に求められるのは経済・文化を含めたソフト面での交流である。

　エコハ出版ではそのことを意識して、2019 年に「津軽海峡物語」を刊行し、次のような提言を行った。

① 青函共通のアイデンティティーの確立

② 国際的規模での広域観光

③ 津軽海峡を活用した食のブランド化

④ 海峡を活用したプロジェクトの立ち上げ

地域ブランド構築の基本構図

①「地域性」を活かした地域資源のブランド化　③地域ブランドによる地域資源ブランドの底上げ
②地域資源ブランドによる地域全体のブランド④地域資源ブランドによる地域（経済）の活性化

（出所）エコハ出版『津軽海峡物語』

（北海道・北東北の縄文遺跡群の世界遺産登録）

　この文化遺産の登録は、30 年以上にわたる関係者の努力のおかげであるが、遺跡は 17 カ所の広い範囲にわたっているため、見てまわるための地域交通の整備と、外国人向けに、縄文が一万年もの間、自然と共生し、戦争のない社会を維持してきたという意味を上手く伝える工夫が必要である。

　こうしたおり、北海道・北東北縄文遺産群が 2021 年に世界遺産として登録されることに決まった。

縄文遺産は北海道と東北を結ぶ、世界的にも意味の大きな遺産である、これを遺産として登録しようという動きが、2009年より続けられてきたが、ここにきてそれが完結することになった。[17]

しかし、これは登録すれば終わりということではなく、これを有効に活用できるかどうかが、大きな課題である。

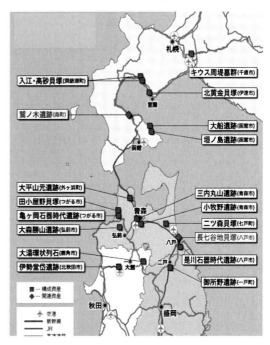

縄文遺跡群

入江・高砂貝塚(洞爺湖町)
鷲ノ木遺跡(森町)
キウス周堤墓群(千歳市)
北黄金貝塚(伊達市)
大船遺跡(函館市)
垣ノ島遺跡(函館市)
大平山元遺跡(外ヶ浜町)
田小屋野貝塚(つがる市)
亀ヶ岡石器時代遺跡(つがる市)
大森勝山遺跡(弘前市)
大湯環状列石(鹿角市)
伊勢堂岱遺跡(北秋田市)
三内丸山遺跡(青森市)
小牧野遺跡(青森市)
二ツ森貝塚(七戸町)
長七谷地貝塚(八戸市)
是川石器時代遺跡(八戸市)
御所野遺跡(一戸町)

■ 構成資産
◆ 関連資産

✈ 空港
━ 新幹線
━ JR

（出所）北海・北東北 縄文文化遺産

---

17 このプロジェクトは北海道2002年の知事サミットから始まったものであり、これだけ長い期間をかけて実現したことには大きな意義がある。

（4-7） 開港5都市 （函館・横浜・神戸・長崎・新潟） 〜開港の歴史を今に〜

今から170年前に日本は開国という大転換を果たし、それが現代までの経済発展のベースとなってきた。今、世界が分断されるという国際情勢の変化の中で、開港の現代的意義に触れておきたい。18

黒船

（出所）『開国の先駆者たち』

開港の歴史

1853年ペリーが黒船で来航し、徳川幕府に開国を迫った。それまで鎖国を守ってきた一般市民にとって天地がひっくり返るような出来事だっただろうが、その後開港は比較的スムーズであった。それを記念して、函館では開港150周年の記念行事19が開催され、公立はこだて未来大学を含む市民のイベントが行われた。

---

18 エコハ出版では開国が果たした日本への影響を意識し、開国に関する様々な出版物を刊行しているが最近の例では土谷精作氏の「開国の先駆者たち」（2003年）を刊行した。

19 エコハ出版では2014年に『地域における国際化』を刊行し、開港150年の記念事業を紹介した。

DVD、開港マップの作成、開港サンドイッチの開発、開港フォーラムの企画などを行った。

- 函館150年の歴史を振り返る
  （語り部によるDVD制作）
- 函館西部地区の魅力の再発見
  （「歴史の博物館」）
- 市民参加のイベントの企画
  （開港記念フォーラム、研究会、開港ラリーの開催）
- 新しい情報発信システムの構築
  （「多機能MAP」やタウンボードの制作）
- 函館の未来を考える
  （「国際交流都市・函館」のビジョン）

開港記念ラリーのマップ

（出所）エコハ出版『地域における国際化』

「開港5都市景観まちづくり会議」

　その後、開催されることになり、各都市持ち回りでイベントが行われている。これには多くの市民やまちづくり関係者が参加し、各地のまちづくりのノウハウが蓄積されている。

　このイベントは5都市の持ち回りで実施されているが 2013 年は函館が担当した。地元の大学やまちづくり関係者が協力体制を組んだ。

日本にとっての開国の意義

　周りを海に囲まれた日本は、海洋国家であり、古来より「海の民」として海外の異文化と接してきた。

　縄文時代から日本海を挟んで各地の交流があり、古代には中国大陸から文化や文明を受け入れてきた。

　江戸時代には 260 年に渡る鎖国を続けたが、長崎や扇島などを通して諸外国の情報を知っていた。

　明治の開国後には、一挙に西洋諸国との交流をさかんにした。列強の植民地になることもなく、国際社会とうまくつきあってきたといえる。

　第二次世界大戦後は、世界のグローバリゼーションの中で、平和のメリットをフルに享受してきたといえる。

　しかし、ここにきて、国際情勢が複雑化し、世界の分断と経済ブロック化が進もうとしているのは周知の通りである。

　しかし、長い目で見た日本は、少資源国であるが、他者への包容力、自然との共生の精神をもつ豊かな国民性と言える。

ソーシャルエコノミーという考え方は社会との調和と共生を大切にする立場だと認識しておくべきだ、と思われる。

（4-8）彦根城下町(滋賀県)
～歴史的建造物の保存と活用～

　彦根は今でも江戸時代の城下町の歴史的風土が残されているがそれを市民の力で意識的に保存、活用してまちづくりを推進している事例として評価できる。

　このプロジェクト[20]では滋賀大学の山崎一真氏が地域の様々な専門家と**「談話室」**を立ち上げ、まちづくりの課題をフリーに議論していたことが原動力になっている。そういう中で「旧彦根藩足軽組屋敷」の歴史的建造物を保存・維持していく必要性が浮かび上がり、この談話室のメンバーが核になってプランの作成、申請、ファイナンスまでを実行した。

　これによりこの施設が歴史建造物として国に認められると共に補助会を確保することになった。

　その後、これを維持・活用するためにNPO「足軽番家サロン」が形成され、情報発信や毎年のシンポジウムやまち歩き会など、このような成果を他の地域のまちづくりにも活用する試みも行なわれている。

---

20 彦根城下町のまちづくりについては山崎一真さんが詳しい例が記載されている。

近江商人街

　彦根は戦国時代から江戸時代にかけて、東西の交通の重要な位置にあり、近江商人が活躍した。そのまち並みは、今も残されており、彦根市河原町にて歴史的建造物として保存しようとの運動が起こった。

　2016年、国の伝統的建造物群保存地区に選定された。

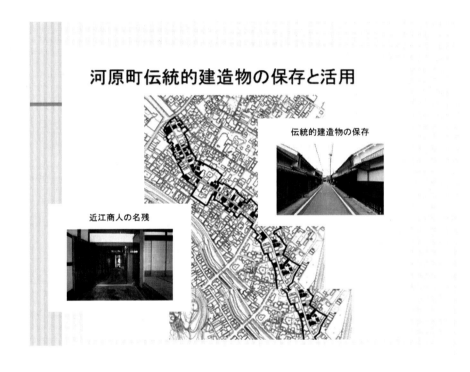

足軽番屋

　井伊家は、藩を守る足軽が強力だったため、足軽にも独立した一軒家が与えられていた。

　この番屋を保存しようということで、市民グループが協力し、国

の指定文化財となった。

　それを維持するため、NPO 法人が設立され、今でも市民によるイベントが設けられている。

（庄屋）

　江戸時代に庄屋として利用されていた古民家を再生し、今は NPO の運営となっている。

　この古民家をどのように活用するかが、大きな問題となっており、今では一棟貸切りの民泊や、外国

多賀の里・一圓屋敷

（出所）筆者

人、学生を対象としたイベント企画が検討されている。

（世界遺産への登録に挑戦）

　彦根には、地域全体で歴史的建造物が保存されている。このように城下町にある歴史的建造物が市民によって、次々と再生され、それがこの町全体のまちづくりに活かされているので、これを世界遺産に登録してはどうかという議論が起こっている。

　以上のように、複雑化し深刻化する社会問題を解決するためには、**ソーシャルビジネス**の概念が重要なことは世の中に認められつつあるが、それらをもっと大きな流れとするにはこれまでの次元を超えた取り組みが必要である。

　そのためには、市民や行政などの力を借り、経営ノウハウや社会的システムを総動員して、取り組む必要がある。

　日本では、それらの運動が広い範囲からのボランティアやNPO法人から始まったが、今では既存の企業もSDGsなどの活動にも参加し始めている。

　それらを含めて本書では、これを拡大して「**ソーシャルエコノミー**」として社会変革の起爆剤としてとらえることにした。

多様なソーシャルエコノミーの形態

　以上のように、本書ではソーシャルビジネスの概念を拡大解釈してソーシャルエコノミーとして、その事例を収集することにした。

　成功した事例はそう多くはないが、よく見ると様々な分野で多様な形態のものが育っていることが分かる。

全体的な体系にはなっていていないが、大きな分野としては次のようにまとめることができる。

①環境問題や食と農の分野には多様な形態が見られるようになってきたが、エコハ出版もかかわっている「山菜王国」などは複合的なソーシャルエコノミーのモデルだと思われる。

②地域での基盤となる地域交通のあり方については、地域インフラとして、投資面や財政面での課題が大きいため、まだまだ成功事例とはいえないが、ここで挙げた「秋田内陸線鉄道」や「津軽海峡」の例は地域の資源を有効に活かせば、きわめて大きな可能性をもっているように思える。これから大きな可能性を持つものとしてドローンや自動配達システムにも注目していきたい。

③地域の資源を活用したり、これまでの歴史、文化を保存したり整備したりする市民の活動は社会の精神的な支柱として重視されていく必要がある。本書では、「開港５都市の景観・まちづくりの活動」や「彦根の城下町保存の事例」をあげたが、このような事例は全国にみられる。またベネッセが瀬戸内海の島で世界的な現代アートを通して地域の活性化に成功した例などはソーシャルエコノミーの大きな成功モデルだと考えられる。

④教育や子育てのテーマはまだ議論が始まったばかりで、ソーシャルエコノミーとしては今後、新たな取り組みが求められている分野である。

⑤医療・保健のテーマはコロナ騒ぎの中で今あまりにも生々しす
　ぎるため本書では取り上げていないが、今後改めて検討される
　べき大きな問題である。

ソーシャルエコノミー成功の要件

　ここであらためてソーシャルエコノミー成功の要件を整理すると、
次のようになる。

　ソーシャルビジネス成功のためには、いずれの形態でも次のよう
な条件が必要である。

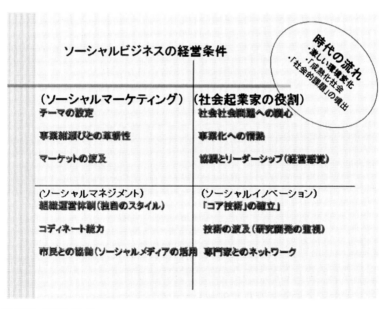

（出所）筆者作成

① 社会問題解決への意欲

　社会問題解決のためには、まずその主体となる「社会起業家」や「市民」がこの問題に強い関心を持ち、積極的に解決していこうとの意欲を持っていることが大前提である。

　これは既存企業であっても経営理念として、それをゆるぎない精神として打ち出しているかどうかが大きな分かれ道となる。

② ソーシャルマーケティング

　社会問題をどのように認識し、それをどのような角度から解決していくのか、とういう考え方が重要である。

　社会問題を解決したい、という一般的な認識だけでアプローチしても最終的には、顧客である消費者が強くそれを求め、支持しているかどうかが重要である。

③ ソーシャルイノベーション

　地域資源の活用や技術力の発揮により様々な困難な問題をクリアしていける持続力を持っているかどうかが重要である。

④ ソーシャルマネジメント

　社会問題解決のためには、多様な考えをもった多くの市民や専門家、さらには行政の担当者などをコーディネートし、それを力にしていくことが必要である。利潤の原理や、市場原理の発揮ではない、新しいマネジメントスタイルが必要になってくる。

ソーシャルエコノミーの展望

　以上のようにソーシャルビジネスの概念を拡大することにより、社会的影響力を確保できる概念とすることができるが、それを社会

改革のきっかけとできるかどうかは社会情勢によるとことも大きい。しかし、既存の資本主義や社会主義の枠を乗り越えた、新しい市民性を提示したい。

　今のような大国の覇権争いや世界の分断のもとでは、世界戦争の危機もあり、「ソーシャルエコノミー」どころではないとの考えもあるかもしれないが、人類が持続的に生き残っていくためには、資本主義や社会主義の制度的枠組みを超えて、長期的な検討を続けていく必要があることも事実である。本書では「ソーシャルエコノミー」の実例を少しでも多く集めることにより、今後の展望として期待したい。

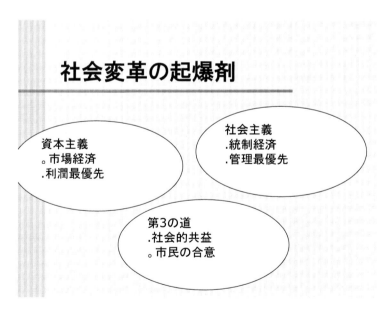

（出所）筆者作成

95

〈 参考文献 〉

宇沢弘文著『宇沢弘文傑作論文全ファイル』
東洋経済新報社 2016 年 11 月
アンソニー・ギデンズ著　渡辺聰子訳『日本の新たな第三の道』
ダイヤモンド社 2009 年 11 月
土居育夫著『第 3 の道序説』
晃洋書房 2010 年 3 月

ムハマド・ユヌス著『ソーシャルビジネス革命』早川書房 2010 年 12 月

ムハマド・ユヌス著『ムハマド・ユヌス自伝』早川書房 1998 年 9 月

ムハマド・ユヌス著『貧困のない世界を創る』早川書房 1998 年 10 月

ヘントン・メルビル・ウォルシュ著『市民起業家』日本経済評論社

新井和宏著『持続可能な資本主義』ディスカヴァー

谷本寛治編著『ソーシャルエンタープライズ』中央経済社 2006 年 2 月

福留強著『創年のススメ』株式会社ぎょうせい 2008 年 2 月

福留強著『鹿児島県志布志の挑戦　生きがいとまちづくりの起爆剤は創年
市民大学』株式会社悠光堂 2011 年 10 月

アル・ゴア著『不都合な真実』　ランダムハウス講談社 2007 年 1 月

レスター・ブラウン『エコ・エコノミー』(社) 家の光協会 2002 年 4 月

環境省編『環境白書平成 27 年度』

エコハ出版の本

書籍名　発行日　販売価格	内容紹介
『環境ビジネスの新展開』 2010 年 6 月	日本における環境問題を解決するためには市民の環境意識の高揚が前提であるが、これをビジネスとしてとらえ、継続的に展開していく仕組みづくりかが重要なことを問題提起し、その先進事例を紹介しながら、課題を探っている。
『地域活性化の理論と実践』 2010 年 10 月	最近地域が抱えている問題が表面化しているが、地方文化の多様性こそが日本の宝である。今後地域の活性化のためは、「地域マーケティング」の考え方を取り入れ、市民が主体となり、地域ベンチャー、地域産業、地域のクリエイターが一体となって地域資源を再発見し、地域の個性と独自性を追求すべきだと提唱している
『観光マーケティングの理論と実践』 2011 年 2 月	観光は日本全体にとっても地域にとっても戦略的なテーマである。これまでは観光関連の旅行業、宿泊業、交通業、飲食業などがバラバラなサービスを提供してきたがこれからは「観光マーケティング」の考え方を導入すべきだと論じている。
『ソーシャルベンチャーの理論と実践』 2011 年 6 月	今、日本で起こっている様々な社会的な問題を解決するにあたって、これまでの利益追求だけのシステムだけでなく、ボランティア、NPO 法人、コミュニティビジネスを含む「ソーシャルベンチャー」の役割が大きくなっている。それらを持続的で効果のあるものとするための様々な事例について研究している。
『アクティブ・エイジング～地域で活躍する元気な高齢者』 2012 年 3 月	高齢者のもつ暗いイメージを払拭し、高齢者が明るく元気に活躍する社会を構築したい。そのための条件をさぐるため函館地域で元気に活躍されている 10 人の紹介をしている。今後団塊の世代が高齢者の仲間入りをしてくる中で高齢者が活躍できる条件を真剣に考える必要がある。
山﨑文雄著『競争から共生へ』 2012 年 8 月	半世紀にわたって生きものに向きあってきた著者が、生きものの不思議、相互依存し、助けあいながら生きる「共生」の姿に感動し、人間や社会のあり方もこれまでの競争一辺倒から「共生」に転換すべきだと論じている。
『ソーシャルビジネスの新潮流』 2012 年 10 月	社会問題解決の切り札としてソーシャルビジネスへの期待が高まっているが、それを本格化するためにはマネジメントの原点を抑えることとそれらを支える周辺の環境条件が重要なことを先進事例で紹介する。

書籍名　発行日　販売価格	内容紹介
堀内伸介・片岡貞治著『アフリカの姿　過去・現在・未来』 2012 年 12 月	アフリカの姿を自然、歴史、社会の多様性を背景にしてトータルで論じている。数十年にわたってアフリカの仕事に関わってきた著者達が社会の根底に流れる、パトロネジシステムや政治経済のガバナンスの問題と関わらせながらアフリカの過去・現在・未来を考察している。
（アクティブ・エイジングシリーズ） 『はたらく』 2013 年 7 月	高齢になっても体力・気力・知力が続く限りはたらき続けたい。生活のためにやむなく働くだけでなく自分が本当にやりたいことをやりたい方法でやればいい。特に社会やコミュニティ、ふるさとに役立つことができれば本人の生きがいにとっても家族にとっても、社会にとっても意味がある。事例を紹介しつつそれを促進する条件を考える。
風間　誠著『販路開拓活動の理論と実践』 2013 年 11 月	企業や社会組織の販路開拓業務を外部の専門家にアウトソーシングするにあたって、その戦略的意義と手法について、著者の 10 年にわたる経験を元に解説している。
（アクティブ・エイジングシリーズ） 『シニア起業家の挑戦』 2014 年 3 月	高齢になってもアクティブにはたらき続けるために『シニア起業家』の道も選択肢である。資金や体力の制約もあるが、長い人生の中で培われた経験・ノウハウ・ネットワークを活かして自分にしかできないやりがいのある仕事をつくり上げたい。
（地域活性化シリーズ） 『地域のおける国際化』 2014 年 8 月	函館の開港は喜んで異文化を受け入れることによって、地域の国際化におおきな役割を果たした。その歴史が現在でも息づいており、今後のあり方にも大きな影響を与えている。これをモデルに地域国際化のあり方を展望する。
『コンピュータウイルスを無力化するプログラム革命［LYEE］』2014 年 11 月	プログラムを従来の論理結合型からデータ結合型に変えることによってプログラムの抱えている様々な問題を克服できる。プログラムの方法を LYEE の方式に変えることにより、今起こっているウイルスの問題を根本的に解決できる。
（農と食の王国シリーズ） 『柿の王国〜信州・市田の干し柿のふるさと』 2015 年 1 月	市田の干し柿は恵まれた自然風土の中で育ち、日本の柿の代表的な地域ブランドになっている。これを柿の王国ブランドとして新たな情報発信をしていくことが求められている。
（農と食の王国シリーズ） 『山菜の王国』 2015 年 3 月	山菜は日本独特の四季折々のあらわす食文化である。天然で多品種少量の産であるため一般の流通ルートに乗りにくいがこれを軸に地方と都会の新しいつながりを作っていこうとの思い述べられている。

書籍名　発行日　販売価格	内容紹介
(コミュニティブックス)] 『コミュニティ手帳』 2015年9月	人と人をつなぎ都市でも地域でもコミュニティを復活することが求められている。昔からあったムラから学び、都市の中でも新しいコミュニティをつくっていくための理論と実践の書である。
(地域活性化シリーズ) 『丹波山通行手形』 2016年5月	２０００ｍ級の山々に囲まれ、東京都の水源ともなっている丹波山は山菜の宝庫でもある。本書では丹波山の観光としての魅力を紹介するとともに、山菜を軸とした地域活性化の具体的方策を提言している。
(農と食の王国シリーズ) 『そば＆まちづくり』 2016年11月	日本独自の食文化であるそばについて、その歴史、風土の魅力、料理の作り方楽しみ方などを総合的に見たうえで今後に世界食としての展望を行っている。
(理論と実践シリーズ) 『新しい港町文化とまちづくり』 2017年9月	北海道の釧路・小樽・函館をモデルに江戸時代の北前船を源流とする港町文化を見直し、今後のまちづくりとつなげていくという提言の書である。
(農と食の王国シリーズ) 『海藻王国』 2018年1月	海の幸「海藻」は日本独自の食文化を形成してきた。海藻は美容や健康に大きな効果があり、日本の豊かな食生活を支えている。地域の産業としても、これからの国際的展開という面からも海藻を見直すべきだと論じている。
(理論と実践シリーズ) 『ソーシャルエコノミーの構図』 2018年3月	今、日本で起こっている様々な社会的な問題を解決するにあたって、これまでの市場の論理や資本の論理ではない「第３の道」としてソーシャルエコノミーの考え方が必要なことを論じ、その実践的な事例を紹介する。
(日本文化シリーズ) 土谷精作著『縄文の世界はおもしろい』 2018年9月	日本文化の源流ともいえる縄文の世界は１万年も続いた。自然と共生し、戦争もない社会は現代文明のアンチテーゼとして見直されている。その生活や精神性を縄文遺跡群や土偶を紹介しながらその全体像をとらえる。
(地域活性化シリーズ) 『津軽峡物語』 2019年6月	津軽海峡は世界有数の海峡であり、自然、歴史、文化の面で魅力にと富んでいる。これを挟んだ北海道道南と北東北は歴史的には深いつながりがあるので、これを津軽海峡圏にしようとの動きがある。これを現実的なものとするには両地域の共通のアイデンテティや経済的つながりが必要なことを検証した。
(地域活性化シリーズ) 『秋田内陸線エコミュージアム』 2019年9月	秋田のローカル線を活性化するにあたって、沿線の豊かな「木と森の文化」を復活させ、「マタギ」や「縄文」の文化に目をむけ、これをエコミュージアムとして展開することを提言している。

書籍名　発行日　販売価格	内容紹介
（地域活性化シリーズ） 炭焼三太郎・鈴木克也著『椿王国』 2019年8月	伊豆大島の椿は長い歴史を持ち島民にも愛着を持っているが、これを国際的な視点から見直し、「里山エコトピア」とって総合的に組み立てる構想を提言している。
瀧本龍水著『瀧本龍水初俳句集こまちをちこち』 2020年5月	著者がこの10年間に書き溜めた俳句を「宙」「こまちをちこち」[EROS]「感」「旅」というテーマごとにまとめたものである。テーマごとに写真や作品への想いがつけられている。別冊で全作品の一覧も添付されている。
（小冊子） エコハ出版編『山菜王国―山菜・薬草で地域おこし』 2021年3月	山菜を普及させるため山菜王国がこれまでやってきた活動と今後の方針をについて像を中心に紹介したもので、それをどう克服していったかが全カラーのハンディなものとして仕上げている。山菜や薬草の知識も満載している。
エコハ出版編『ポストコロナ日本への提言』 2021年5月	世界を襲ったコロナ禍は社会並びに個人に大きな影響を与えた。その影響は一時的な問題にとどまらず社会システム全体に根本的変更を迫るものであった。この問題を考えるため野村総合研究所を中心とする仲間とともに、オムニバス方式で各分野から意見を述べている。
根津静江著『榎本武揚の点描-男の中の男・開国の先駆者』 2021年7月	榎本武揚は幕臣として箱館五稜郭を拠点に箱館戦争を戦ったが敗れた。その後、敵方の黒田清輝と和解し、政府高官として、北海道開拓、ロシアとの外交交渉をはじめとして日本の近代化と発展のため多く役割を果たした。国際的な視野を持った男の中の男として俳句を軸にして語られている。
（小冊子） 『世界から見た縄文時代』 2021年9月	日本の縄文時代は世界史の先史時代にあたるが、それが1万年も続いた。その間、自然と共生し、高い精神性を維持し、多くの土器や土偶を残した。戦争のない平和な社会の教訓は今も大きい。
土谷精作著『先史時代物語―世界遺産をたどってー』 2021年8月	縄文時代を世界遺産全体の中でどのように位置づ図けるかは大きな問題である。先史時代を見ると人類全体の普遍的な共通性とともに、地域ごとの多様性があることがわかる。
（地域活性化シリーズ）『竹の文化を守り育てる』 2022年8月	竹は生命力が強く、温帯から熱帯にかけて世界中に自生しているが、これを日常的な文化として愛している国は日本以外ではないであろう。しかし最近では手間やコストの関係からプラスチックや輸入材に押され、需要が減少し、需給バランスが崩れる傾向にあり、放置耕作地も目立つようになってきた。このような状況から抜け出すため、改めて竹の魅力を見直し、技術革新を踏まえて竹の有効利用や地域活性化の条件を探る。

書籍名　発行日　販売価格	内容紹介
(小冊子) 『山菜王国エッセイ集』 2022 年 8 月	フェイスブック山菜王国の仲間が 5,999 人を超えたのを記念して山菜に関連するエッセイ集をつくることにした。選者によって最優秀賞と佳作を選び、表彰するとともに、「ふるさとだより」「季節の山菜料理」「山菜と地域おこし」などの記事を加え、エッセイ集とした。
(小冊子) 『竹の文化を守り育てる』	竹は日本人に古くから愛され、人々の生活に密着してきたが、最近プラスチック建材や、輸入等の影響で需要が減少し、地域の厄介者ともなっている。ここで竹の文化を見直し、資源の有効な活用のための方策を考えたい。
仲俊二郎著 『ドーバー海峡トンネルを掘れ』	JAPAN AS NO.1 と言われた時代。イギリスとフランスを結ぶドーバー海峡トンネルの掘削で掘削技術を巡って、世界を舞台に戦った日本人、ビジネスマン達のドキュメンタリー風の物語である。今後の国際ビジネスの為にも大きな参考となるであろう。
はせを寅次郎著 『アジア・ヨーロッパ自由旅　フーテンの寅ベラー』 2022 年 12 月	著者が 40 歳頃から始めた海外の自由旅をエッセイ風にまとめたものである。既存のパッケージツアーでなく、自由気ままな旅でその場で感じたことを気軽に書き留めたものである。
土谷清作著 『開国の先駆者たち』 2022 年 12 月	欧米の列強から開国を迫られた幕末時代の先駆者達は、世界に目を向け、冷静な判断を考え、生死を省みず行動した。それから 170 年、転換期に立つ現代、彼らの生き方は私たちの選択の参考になるだろう。

　社会で起こっている様々な問題に対して新しい視点から問題提起するとともに、各地での取り組みや先進的事例を紹介し、実践活動に役立てていただきたいということで設立された。出版方式としては、少部数オンデマンド方式を採用した。

　過去の著作が入用な方はエコハ出版までご連絡ください。

（電話・FAX）0467-24-2738　　　（携帯電話）090-2547-5083

（メール：ecoha.katsuya@gmail.com）

ソーシャルビジネスシリーズ

ソーシャルエコノミーの実践事例
―社会変革の新しい切り口として―

2023年6月9日　　初版発行

編　著　　鈴木　克也

発行所　　エコハ出版（クリエイティブ・ユニット）
　　　　　〒248-0003 神奈川県鎌倉市浄明寺4-18-11
　　　　　TEL 0467 (24) 2738
　　　　　FAX 0467 (24) 2738

発売所　　株式会社　三恵社
　　　　　〒462-0056 愛知県名古屋市北区中丸町2-24-1
　　　　　TEL 052 (915) 5211
　　　　　FAX 052 (915) 5019
　　　　　URL http://www.sankeisha.com

ISBN978-4-86693-814-1 C0033 ¥2000E